Rudolf Knapp

Elternarbeit in der Grundschule

•

Grundlagen

•

Elternberatung und -seminare

•

Mitarbeit im Schulleben

Cornelsen
SCRIPTOR

Cornelsen online http://www.cornelsen.de

Gedruckt auf chlorfrei gebleichtem Papier
ohne Dioxinbelastung der Gewässer.

Die Deutsche Bibliothek - CIP-Einheitsaufnahme
Knapp, Rudolf:
Elternarbeit in der Grundschule : Grundlagen ; Elternberatung und -seminare ;
Mitarbeit im Schulleben / Rudolf Knapp. – Berlin : Cornelsen Scriptor, 2001
(Lehrer-Bücherei: Grundschule)
ISBN 3-589-05061-6

Dieses Werk berücksichtigt die Regeln der reformierten Rechtschreibung und
Zeichensetzung.

5. 4. 3. 2. 1. ✓   € Die letzten Ziffern bezeichnen
05 04 03 02 2001   Zahl und Jahr des Drucks.

© 2001 Cornelsen Verlag Scriptor GmbH & Co. KG, Berlin
Das Werk und seine Teile sind urheberrechtlich geschützt. Jede Verwertung in
anderen als den gesetzlich zugelassenen Fällen bedarf deshalb der vorherigen
schriftlichen Einwilligung des Verlags.
Redaktion: Gabriele Teubner-Nicolai, Berlin
Herstellung und Satz: Kristiane Klas, Frankfurt am Main
Layout: FROMM MediaDesign GmbH, Selters/Ts.
Umschlagfoto: Johannesschule, Sundern
Druck und Bindearbeiten: Claussen & Bosse, Leck
Printed in Germany
ISBN 3-589-05061-6
Bestellnummer 50616

Inhalt

Vorwort

Viele Lehrerinnen und Lehrer lehnen den Begriff „Elternarbeit" ab, weil er ihnen zu sehr nach Elternbearbeitung und weniger nach Zusammenarbeit von gleichberechtigten Partnern in der Erziehung klingt. Der Buchtitel lautet dennoch so, weil dieser Begriff in der Lehrerschaft weiterhin am meisten verbreitet ist. Er muss aber inhaltlich entsprechend gefüllt werden! Das soll bereits der Untertitel des Buches zum Ausdruck bringen.

Wenn Sie erwarten, dass sich am Elternabend selbstverständlich ganz viele Mütter bereit erklären, als „Lesemütter" im ersten Schuljahr tätig zu werden oder nach dem Schwimmunterricht den Mädchen die Haare zu fönen, dann gehen Sie an der Realität vorbei. Manche haben einfach keine Zeit. Andere fühlen sich hiermit überfordert. Bezeichnen Sie einen Elternabend nur dann als erfolgreich, wenn der Versammlungsraum gefüllt war, d.h. (fast) alle Mütter und Väter gekommen waren? Bleiben Sie auch hier hinsichtlich der Anzahl der erschienenen Eltern realistisch! Haben Sie bitte Verständnis dafür, dass Frau L. nach einem langen stressigen Arbeitstag lieber zu Hause ausspannen als zur Schule gehen möchte. Bewerten Sie dies nicht negativ.

Das Buch ist in zwei große Teile gegliedert. Im ersten Teil finden Sie fachliche Details, die die Zusammenarbeit mit den Eltern als sinnvoll und notwendig erscheinen lassen. Den Bogen habe ich von der heutigen Lebenswelt der Kinder bis zu den Schwerpunktthemen der Kooperation gespannt.
Im zweiten Teil des Buches möchte ich Ihnen Beispiele der Zusammenarbeit als Anregung für die Gestaltung der eigenen Beziehungen zu den Eltern Ihrer Schülerinnen und Schüler darstellen. Dabei geht es mir nicht darum, Ihnen nur eine Fülle von Erfahrungen aus der Zusammenarbeit mit Erziehungsberechtigten zu skizzieren. Sie sollen vielmehr auch jeweils die fachlichen Hintergründe – wenigstens im Überblick – erfahren, aus denen heraus sich die Kooperation entwickelte. Ergänzend dazu finden Sie *Hinweise* und *Tipps*.

Der Tenor des Buches ist positiv zur Zusammenarbeit mit Eltern eingestimmt. Das heißt nicht, dass beim Autor und bei allen mit ihm in enger Verbindung stehenden Lehrerinnen und Lehrern immer alles beispielhaft mit den Eltern geklappt hätte!

An dieser Stelle möchte ich allen Kolleginnen und Kollegen herzlich für die vielen Anregungen aus ihrer eigenen Praxis danken. Ein besonderes Dankeschön möchte ich meinen Töchtern Steffi und Ute sowie Herrn Engelbert Zimmer (Rektor einer Grundschule) sagen. Herr Zimmer hat mir als erfahrener Leiter seiner Grundschule eine Fülle an gut durchdachten Praxisbeispielen zur Verfügung gestellt und war mir ein wichtiger Gesprächspartner bei allen Teilen des Buches.

Arnsberg, im Dezember 2000
Rudolf Knapp

1 Grundlagen

Zur Partnerschaft in der Erziehung

Grundschule und Elternhaus sind Partner in der Erziehung. Das Kind, das in der Schule die Rolle der Schülerin oder des Schülers einnimmt, stellt für beide die gemeinsame Bezugsperson dar. Daher ist es wichtig, sich zumindest in den Grundzielen abzustimmen. Für die Zusammenarbeit von Erziehungsberechtigten und Lehrkräften in der Schule hat der Gesetzgeber einen rechtlichen Rahmen geschaffen, der bestimmte Möglichkeiten und Gremien zur Mitwirkung von Erziehungsberechtigten in der Schule fest vorsieht. Der rechtliche Rahmen zur Mitwirkung von Müttern und Vätern in der Schule füllt sich jedoch nur dann konkret, wenn die Eltern mithelfen, die Schule zu einem Ort lebensvollen Lernens zu machen und hierbei ihre eigenen Lebenserfahrungen und Kompetenzen einbringen. Dafür müssen sie aber sehr oft erst motiviert werden und erfahren, dass sich die Kooperation lohnt.

Die Elternmitwirkung in der Schule hat zwar vorrangig das Wohl des Kindes im Blick, dient aber auch dazu, dass sich die Erwachsenen in Elternhaus und Schule gegenseitig unterstützen, voneinander lernen und sich dabei als Personen entfalten. Dabei sollte Ihnen bewusst sein, dass die Eltern ihr Hauptinteresse auf ihr Kind richten und verfolgen, ob es ihm in der Schule gut geht und es erfolgreich lernt. Sie als Lehrkraft setzen Ihren Schwerpunkt wohl eher auf berufliche Zufriedenheit oder nicht?

Viele Lebenssituationen von Familien sind uns fremd. Sie sind nicht mit unseren Vorstellungen und Erfahrungen identisch. Sicherlich ist es schwer, sich von Vorurteilen frei zu machen. Seien Sie aber offen für das „Fremde", das Ihnen in der Schule begegnet. Es bietet nämlich auch Anlass für neue Einsichten und Lernprozesse. Falsche und einseitige Erwartungen an Eltern, bei denen evtl. nur die eigenen Wertmaßstäbe für die Beurteilung eines für Kinder günstigen pädagogischen Familien-Umfelds herangezogen werden, können den Aufbau einer Vertrauensebene verhindern.

Drängen Sie auch nicht darauf, bereits beim Aufnahmegespräch oder am ersten Elternabend von möglichst vielen Eltern konkrete Einzelheiten ihrer persönlichen Lebenssituation zu erfahren. Machen Sie sich klar, dass erst durch Kontakte mit Ihnen das Vertrauen nach und nach wächst. Dies zeigt sich dann im Sinne von gegenseitiger Akzeptanz und Wertschätzung. Einige werden vielleicht auch in der ganzen Zeit der Kooperation mit Ihnen zurückhaltend bleiben.

Für die meisten Lehrerinnen und Lehrer bedeutet die Zusammenarbeit mit Eltern eine sehr zeitintensive und arbeitsreiche Aufgabe. Es ist daher verständlich, wenn sie Elternarbeit so praktizieren, dass diese sie nicht überfordert. Dabei macht es nicht die Fülle an Kontakten. Was Sie aber gemeinsam mit den Erziehungsberechtigten Ihrer Schülerinnen und Schüler machen, sollte gut durchdacht sein. Dass Sie hierbei auch Ihr didaktisch-methodisches Können einsetzen, ist selbstverständlich. Die Äußerung einer Lehrerin *„Je schlauer wir die Eltern machen, umso schwerer haben wir es mit ihnen!"* sollte kein Maßstab für Sie sein, sich rein formal auf das vom Gesetzgeber vorgeschriebene Minimum an Kontakten zu beschränken.

Das Recht der Eltern auf die Erziehung ihrer Kinder und der schulische Erziehungs- und Bildungsauftrag müssen zum Wohle der Kinder aufeinander abgestimmt werden. Dies erfordert einen Kooperationsprozess von Elternhaus und Schule, der nicht ohne Spannungen verläuft.

Ein weiteres Argument für notwendige Elternarbeit: Erziehungs- und Bildungsarbeit in der Schule gründet auf der Kenntnis der Lebensverhältnisse und Lebenswelten von Kindern und deren Familien. Die jeweils einzigartige Kindheit und Jugend wird durch ganz unterschiedliche Familien und das hier stattfindende gemeinsame Leben maßgeblich geprägt. Über die einzelnen Familien wie auch über die gesellschaftlichen Einflussfaktoren Details von den Erziehungsberechtigten zu erfahren, ist für pädagogisch qualitatives Arbeiten in der Schule und ganz sicher auch für die Zusammenarbeit beider Erziehungsinstanzen daher unverzichtbar.

Das größte Hindernis für eine Partnerschaft in der Erziehung zwischen Eltern und Lehrkräften bildet offensichtlich das Thema Schulnoten. Die Mehrzahl der Eltern wünscht gute Noten und damit einen problemlosen Übergang in die Sekundarstufe I, möglichst in das Gymnasium. Aber in einer Reihe von Bundesländern entscheiden allein Schule und Lehrkräfte mit ihrer Notengebung, inwiefern die Wünsche der Eltern erfüllt werden. Dies zeigt ein Machtgefälle: Sie selbst können noch so wohlwollend und verständnisvoll sein, dieses prinzipielle Ungleichgewicht schaffen Sie nicht aus der Welt.

Sie als Lehrerinnen und Lehrer müssen den Eltern Brücken bauen, um mit ihnen ins Gespräch und in eine kontinuierliche Kooperation zu kommen. Das ist vorrangig die Aufgabe der Klassenlehrerin oder des Klassenlehrers.

Ihre Ideen hierzu sind gerade bei einer neu beginnenden Kooperation gefragt. Der Funke zu einer vertrauensvollen Zusammenarbeit springt allerdings in der Grundschule leichter über als in weiterführenden Schulen, da
die meisten Erziehungsberechtigten während der Grundschulzeit ihres
Kindes für ein Zusammenwirken mit der Schule besonders aufgeschlossen
sind.

Als Plattform für eine intensive Partnerschaft eignet sich vor allem die
Klassenpflegschaft oder -elternschaft, d.h. die regelmäßige Zusammen-
kunft aller Eltern der Kinder einer Klasse. Häufig kennen sich einige Eltern
bereits vor dem ersten Elternabend in der Schule. Ihre Kinder waren bereits
im Kindergarten zusammen oder wohnen im gleichen Einzugsbereich der
Schule. Ein erster Elternabend noch vor Schulbeginn ist für das Kennenlernen der Erwachsenen untereinander und für eine klärende Aussprache
über den ersten Schultag und was alles in die Schultasche gehört, sinnvoll.

Fragenkatalog zur Analyse der Lebenswelt von Grundschulkindern

Wenn ein Grundschulkollegium das Thema „Zusammenarbeit mit Eltern"
zum neuen Schwerpunkt gemeinsamer Arbeit im Sinne des Schulprogramms machen will, sollte man zunächst zusammenstellen, was bereits
fester Bestandteil des Schullebens ist und die Mitwirkungspraxis ausmacht.
Da kommt ganz schnell erstaunlich viel zusammen. Eine Schule listete
z.B. auf:

- Zusammenarbeit in schulischen Gremien (Klassenpflegschaft, Schul-
pflegschaft, Schulkonferenz, Klassenkonferenz...)
- Arbeit am „Schulprogramm" als dem individuellen Rahmenkonzept der
Schule...
- Mitarbeit im Rahmen des Unterrichts und schulischer Maßnahmen
(Wanderungen, Schulfahrten, Sportfest...)
- Veranstaltungen mit Eltern im Jahreslauf: Einschulungsfeier, Herbst-
fest, Martinsfest, Weihnachtsbasteln und -backen, Weihnachtsfeier, Fa-
milienwanderung, Basteln von Osterschmuck, Elternstammtisch, Ab-
schiedsfeier, Schulfest (alle zwei Jahre), Projektarbeit...
- thematische Elternabende zu pädagogischen Themen ...
- Elternsprechtage und Beratungstermine...

Aus solch einer Ist- oder Ausgangsanalyse wird sichtbar, was an Veranstaltungen und Kooperationsformen bleiben muss, was offensichtlich gut

„ankommt", wo neue Akzente gesetzt werden sollten, was Schwerpunktthema im nächsten Jahr, vielleicht auch in den nächsten Jahren sein sollte und auf welche Veranstaltung verzichtet werden kann.

Für die Arbeit am Schulprogramm sollte das Kollegium aber noch einen Schritt weiter gehen, nämlich eine aktuelle Analyse der Lebenswelt der Kinder und ihrer Familien vornehmen. Diese Kenntnisse der sozialen Lebenszusammenhänge, der Traditionen, der Wohnsituation, der Arbeitswelt, der landschaftlichen Gegebenheiten im Umkreis der Schule stellen eine wertvolle Orientierungshilfe für die Gestaltung von Unterricht und Schulleben sowie die Zusammenarbeit mit den Erziehungsberechtigten dar. Der folgende Vorschlag (z.T. orientiert an BLANK/EDER 1999, 96 ff.) soll helfen, diese Analyse strukturiert vornehmen zu können. Der Fragenkatalog kann natürlich nach eigenen Vorstellungen abgeändert und ergänzt werden. Der Einbezug der Eltern bei der Beantwortung einzelner Fragen ist erforderlich und stellt ein Stück Mitwirkung der Eltern dar. Die Grenze muss aber dort gesehen werden, wo möglicherweise die Intimsphäre der Familien verletzt wird oder die Eltern – auch aus datenschutzrechtlichen Gründen- Aussagen verweigern. Hier sollte es bei einer generalisierten Aussage bleiben.

Familien

- Wie viele ausländische Familien haben Kinder im schulpflichtigen Alter?
- Welcher Nationalität gehören sie an?
- Welche Familienformen herrschen vor? (Kernfamilien, Großfamilien, neu zusammengesetzte Familie, Alleinerziehende Mütter oder Väter...)
- Wie groß ist die Zahl der Kinder in den Familien?
- Haben die Familien Verwandte im Ort oder in näherer Umgebung und treffen sie sich häufiger?
- Wie ist die Situation der Alleinerziehenden, wie geht es den Müttern oder Vätern? – Welche Probleme einzelner Familien sind bekannt, die Einfluss auf das Verhalten und Lernen des betreffenden Kindes haben? (Kenntnisse dieser Art sind dann zu erhalten, wenn das Jugendamt mit der Familie zusammenarbeitet.)
- Bei welchen Eltern besteht offensichtlich Interesse an einer engeren Zusammenarbeit mit der Schule?
- Welche Bedeutung haben Kinder in den Familien (Geschwisterbeziehung, Kontakte der Kinder zu Großeltern und anderen Verwandten) und wer entscheidet maßgeblich in Erziehungsfragen?
- Welche Medien und Geräte stehen den Kindern zur Verfügung (Radio, Fernsehen, Videogerät, CD-Player, Playstations, Computer)?

Landschaft, Wohnen

● Prägt die betreffende Landschaft die Lebens- und Arbeitsbedingungen der Bevölkerung und woran ist das zu erkennen?

● Welche Wohnungstypen herrschen vor?

● Welche räumlichen, häuslichen Situationen erleben die deutschen und ausländischen Kinder und die jungen Menschen aus zugewanderten Familien?

● Gibt es bestimmte Stadtteile/Ortsteile, die sich deutlich voneinander hinsichtlich der Umwelt der Kinder unterscheiden?

● Unter welchen Bedingungen leben ggf. Asylbewerber im Einzugsbereich der Grundschule?

● Wie ist es mit der Verkehrsinfrastruktur bestellt? Können die Kinder ohne Gefahr allein öffentliche Verkehrsmittel benutzen, um Schulfreunde zu besuchen, evtl. nachmittags zur Schule zu kommen oder Freizeitangebote von Vereinen oder Bildungseinrichtungen wahrzunehmen?

● Wie ist der Orts- bzw. Stadtteil mit Geschäften, Apotheken, Einrichtungen zur Gesundheit, Ärzten ausgestattet?

● Welche Ortsteile üben u.U. einen negativen Einfluss auf Erleben und Verhalten der Kinder aus und sollten von diesen gemieden werden?

● Gibt es Spielplätze für Kinder, wo sie sich treffen und unbeaufsichtigt spielen können? Sind diese kindgerecht angelegt?

● Wie gut sind die Verbindungen zu anderen Städten oder zum nächsten Stadtteil?

Kindergärten, Schulen, kulturelle Angebote, Rat und Hilfe

● Aus welchen Kindergärten kommen die Kinder und mit welchen wird Kontakt gepflegt?

● Welche Grundschulen und anderen Schulformen gibt es in der Nähe bzw. im Orts- oder Stadtteil? – Mit welchen wird – und wie intensiv – zusammengearbeitet?

● Gibt es eine Heilpädagogische Tagesgruppe (HTG), mit der die Schule kooperiert? Welche Bedeutung für die Entwicklung der Kinder wird dieser Hilfeform beigemessen?

● Wie sieht das Angebot der freien und öffentlichen Träger sowie von Vereinen an offener Arbeit mit Kindern aus und wie wird es von der Grundschule genutzt?

● Wie gestaltet sich die Beziehung der Schule zur Stadtverwaltung, vor allem zum Jugendamt und welche Möglichkeiten der „Hilfe zur Erziehung"

nach dem Kinder- und Jugendhilfegesetz nehmen einige Kinder und deren Familien wahr?
- Inwieweit bestehen Kontakte zu den Kirchen und in welcher Weise beeinflussen und unterstützen sie die schulische Arbeit?
- Wo können sich Kinder mit ihren Eltern Rat und Hilfe in Erziehungsfragen und bei Lern- und Leistungsproblemen holen?
- Gibt es bestimmte Gruppierungen (Religionsgemeinschaften, ausländische Mitbürger) in der näheren und weiteren Umgebung der Schule und wie nehmen die Kinder diese wahr?

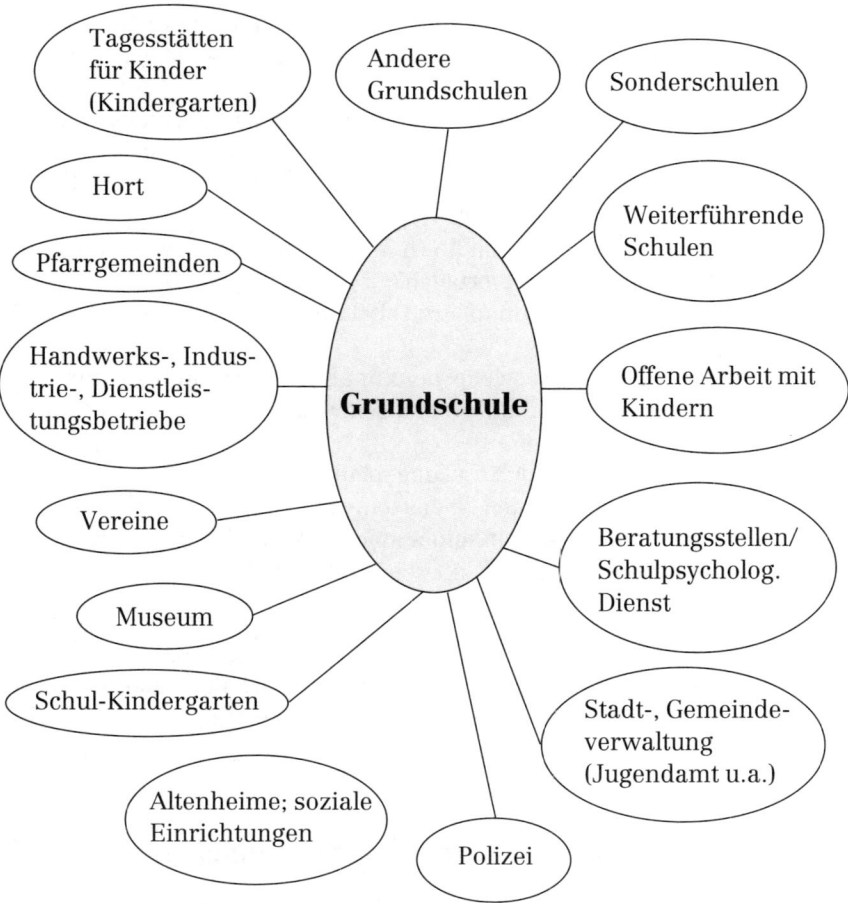

Die gemeinwesenorientierte Grundschule

Arbeit und Freizeit

- Welche Handwerks- und Industriebetriebe und welche sozialen Institutionen gibt es in erreichbarer Nähe von der Schule?
- Welche für Kinder interessanten Arbeitsplätze und Einrichtungen können von den Kindern unmittelbar oder durch die Schule vermittelt erlebt werden? Können evtl. Väter oder Mütter bei Kontaktaufnahme und Besuch solcher Lernbereiche behilflich sein?
- Welche Arbeitsbereiche sind für Kinder zu gefährlich, so dass ein Besuch dort nicht sinnvoll ist?
- Welche Berufsgruppen herrschen bei den Erziehungsberechtigten vor? Wer von den Vätern oder Müttern wäre evtl. bereit, seine berufliche Tätigkeit in der Schule vorzustellen?
- Wie viele Familien sind von Arbeitslosigkeit eines Elternteils betroffen und bedürfen deshalb besonderer Rücksichtnahme, wenn sie zur Bezahlung von zusätzlichen Lehr- und Lernmitteln oder von schulischen Veranstaltungen herangezogen werden sollen?
- Wie verbringen die Menschen im Orts- oder Stadtteil zumeist ihre Freizeit am Wochenende, an Feiertagen?
- Welche Freizeitangebote und Freizeitstätten gibt es in der Nähe der Grundschule?
- Was machen die Kinder schwerpunktmäßig in ihrer außerschulischen Zeit? Wie sind die Kontakte von deutschen und ausländischen Kindern außerhalb der Schule?
- Treffen sich die Kinder auch mal ungeplant und nicht durch Eltern organisiert und an welchen Orten ist das dann?
- Wie und zu welchen Gelegenheiten machen Erwachsene (vorrangig die Erziehungsberechtigten) was mit den Kindern?

Diese ganz auf die einzelne Schule hin ermittelten Einzelheiten sollten anschließend mit den nachfolgenden Bildern und Trends verglichen werden, um einen gesamtgesellschaftlichen Überblick zu erhalten und die gesellschaftlichen Entwicklungstendenzen mit in die Grundlagen des Schulprogramms nehmen zu können.

Die Grundschule als biografischer Einschnitt

In das erste Jahr der Grundschule zu gehen, bedeutet nicht nur für Hannah und Jonas, sondern auch für ihre Eltern einen Einschnitt. Mit dem Besuch der Grundschule beginnt eine neue Kindheitsphase. In der Tat bringt die

Schule viele Neuigkeiten für die Kinder mit sich: das große Haus mit seinen ganz unterschiedlichen Fluren und Räumen, viele unbekannte Mädchen und Jungen, die in der Mehrzahl älter sind, Männer und Frauen als Lehrerinnen und Lehrer, feste Lernstunden, genannt Unterricht u.a.m. Die Kinder gehen ihren Weg zur Schule viel eigenbestimmter als den Weg zum Kindergarten. Sie sind hierbei weniger von der Elternaufsicht abhängig. Auch spielen die meisten ab jetzt entfernter von der elterlichen Wohnung, wenn sie sich gegenseitig besuchen. Jonas wird zum Geburtstag von seinem neuen Freund Tim eingeladen. Hannah muss mit dem Auto zum Spielen zu Paula gebracht werden. Zu Fuß wäre das zu gefährlich.

Was jetzt viel deutlicher als die Kindergartenzeit ins Elternhaus strahlt, ist die zeitliche Struktur der Schule und das verpflichtende Lernen. Die Grundschule zu besuchen, ist nämlich keine freiwillige Angelegenheit, sondern eine Pflicht. Auch wenn die meisten Kinder gerne zur Schule gehen und sich darauf freuen, etwas zu lernen, so müssen sie sich der schulischen Organisation anpassen. Der Rhythmus gemeinsamer Aktivitäten und Pausen, aber auch das ruhige Sitzen auf dem Stuhl, zunächst nur für kurze Zeit, bedarf der Gewöhnung.

Was die Schule vermittelt, hat für die Kinder nur z. T. einen sofort erkennbaren Nutzen. Die meisten Kompetenzen, die erworben werden sollen, haben erst später im Erwachsenenleben ihren eigentlichen Sinn. Das ist für Kinder schwer zu verstehen! Ihr gegenwartsorientiertes Eigenleben gerät in das Spannungsverhältnis zur zukunftsorientierten Schule, die Pflichten einfordert und erwartet z. B., dass Hausaufgaben nicht nur gemacht, sondern sauber und ordentlich angefertigt werden. Diesen Spannungszustand müssen die Kinder emotional und sozial ausgleichen. Dazu brauchen sie die Lehrerinnen und Lehrer, aber auch ihre Eltern. Die notwendige Zusammenarbeit von Elternhaus und Schule wird hier ganz deutlich.

Lehrkräfte merken bereits beim ersten Elternabend, dass auch die Erziehungsberechtigten von der Zukunftsweisung der Grundschule ergriffen werden. So beginnen manche von ihnen, den Terminkalender ihrer Kinder – ergänzend zur Schule – zu füllen. Der Sportverein, die Musikgruppe werden neu entdeckt. Manche Eltern würden ihren Kindern gerne mehr Ruhe und selbst bestimmte Räume zum Spielen lassen, auch noch, wenn diese die dritte oder vierte Klasse besuchen. Sie denken aber schon an die Zukunft und machen Pläne, wie die Schulzeit nach der Grundschule weitergehen kann.

An Elternabenden wird deutlich, dass einige alles daran setzen, dass die Klasse ihres Kindes besonders gut gefördert wird und hier möglichst kein

Unterricht ausfällt. Spätestens ab Klasse 3 kommen einzelne Eltern mit dem Wunsch zu den Lehrkräften, die Anforderungen an die Kinder zu erhöhen, damit möglichst viele Mädchen und Jungen (vor allem das eigene Kind!) aus der Klasse zum Gymnasium gehen können. Dabei spüren sie den Zwiespalt in sich, ob sie das so richtig machen oder ihrem Kind mehr Raum und Ruhe für sein Eigenleben lassen sollten. Dieses Gefühl der Eltern bietet Ansatz und Grundlage für Erfahrungsaustausch mit anderen Müttern und Vätern sowie für grundsätzliche Orientierungen von Seiten der Schule. Eins muss aber klar gesagt werden: Kinder benötigen auch weiterhin eine nicht durch Erwachsene verplante Freizeit, damit sie sich gesund entwickeln können.

Das Kind in der heutigen Welt
Familiensituationen

Kindheit und Jugend zeichnen sich heute durch eine große Vielfalt und Unterschiedlichkeit der Lebensumstände aus. Maßgeblichen Einfluss auf das Leben der Kinder hat die Familie, sie ist die erste und bedeutsamste Institution für sie. Hier erleben sie Nähe und Hilfe von Menschen, eine Gemeinschaft, die Mitverantwortung übernimmt. Sie erfahren die „Welt" und erobern sich nach und nach ihre Umwelt. Für die kindliche Entwicklung ist es wichtig zu erfahren, inwieweit es in der Familie Adressat von Kommunikation wird. Von der Erfahrung, wie häufig und selbstverständlich es sich als Ursache von Wirkungen im sozialen System Familie empfindet, hängt maßgeblich sein Selbstkonzept ab.

Auf der Suche nach individuellen Lebensformen ändern sich persönliche Leitvorstellungen und Partnerschaftsformen der Erwachsenen und führen zu einem Anstieg unterschiedlicher Familienkonstellationen. Neben der traditionellen Familienform von Vater (erwerbstätig), Mutter (den Haushalt führend) und Kind bzw. Kindern sind zunehmend die Ein-Eltern-Familien (alleinerziehende Mutter oder alleinerziehender Vater), nichteheliche Lebensgemeinschaften mit und ohne Kinder sowie „Patchworkfamilien" verbreitet, bei der beide Partner Kinder in eine neue Beziehung einbringen und als Paar ggf. ein gemeinsames Kind haben. Sicherlich ist in der modernen Welt die Gefahr gestiegen, dass gewachsene sozial-kulturelle Systeme zerfallen und Kinder Beziehungen und Bezugspersonen nicht dauerhaft und kontinuierlich erleben. Damit fehlt ihnen ein Teil der Chancen, soziale und auf Vertrauen basierende Lernerfahrungen machen zu können. Fehlende stabile soziale Beziehungen stellen viele junge Menschen auf sich allein.

Dies kann zu schwerwiegenden individuellen Orientierungs- und Verhaltensproblemen führen. So müssen sie eine eigene innere Steuerung entwickeln, orientiert an den pluralen gesellschaftlichen Situationen und Normorientierungen sowie den Einflüssen der Gleichaltrigengruppe. Kinder, die solche Eigenleistungen, eingeschlossen die Organisation der Kontakte zu anderen Kindern, nicht schaffen, laufen Gefahr, zu vereinsamen oder/und zu verwahrlosen. Oft suchen sie Halt, spielerische Erlebnisse und Ablenkung vom trüben Alltag in den Medien.

Berufstätigkeit von Frauen

Die Berufstätigkeit vieler Mütter, die ihren Beruf nicht aufgeben wollen oder auch aus finanziellen Gründen nicht aufgeben können, hat zu einem Wandel in der Organisation der Familie, damit auch zu einem Wandel der Kindheit geführt. Da Erziehung und Betreuung der Kinder dennoch zumeist in den Händen der Mütter bleiben, haben diese das Problem, Familienarbeit und Berufstätigkeit aufeinander abzustimmen. Die z. T. bereits praktizierte Flexibilisierung der Arbeitszeit schafft häufig neue Probleme und bietet selten befriedigende Lösungen. Damit sind sie noch stärker als bisher darauf angewiesen, dass ihre Kinder während ihrer Abwesenheit gut betreut werden.

Medien

Radio, Tonkassetten, CD-Player, Fernsehen, aber auch Computer und z.T. bereits Handys, gehören heute zum Alltag der Kinder. Sie begleiten sie beim Alleinsein, aber auch wenn sie mit Gleichaltrigen zusammen spielen. Kinderzimmer sind heute Medienzimmer, zumal oft die „Helden" der Kindersendungen als Poster die Wände schmücken. Kinder können diese Medien zumeist kompetent in ihrem Sinne nutzen, d.h. Wahrnehmungen nach eigenen Vorstellungen arrangieren. Damit verfügen sie über ein erstaunliches Medienwissen und medienbezogenes Handlungswissen. Viele Spiele in der Familie wie auch außerhalb der Wohnung und auf dem Schulhof sind leicht als fernsehorientiert zu identifizieren. Sie beeinflussen auch das Sozialverhalten der Kinder.

   Zumindest dient Fernsehgeschehen als Orientierungsrahmen, um eigene reale Erfahrungen zu überprüfen und zu erweitern. Grundschulkinder von heute befinden sich in ihrer eigenen Welt, die einen eigenen Platz in der Familie ähnlich dem von Vater und Mutter beansprucht. Als relativ selbstständige Adressaten und Kunden des Medien- und Konsummarktes sind sie gefragt, ihre Konsumbedürfnisse und kulturellen Wünsche sind häufig von eben diesem Markt geweckt. Real und medial vermittelte Erlebnisse und Inhalte prägen somit Einschätzungen über die Welt.

Multimediale CD-ROMs gewinnen mehr und mehr an Einfluss, seit der Computer Einzug in die Familien hält. Im Gegensatz zum passiven Fernsehkonsum sind hier individuelle, interaktive Einflüsse auf den Programmablauf erforderlich. So ist z.B. das Sams von Paul Maar („Eine Woche voller Samstage") zu einem modernen Helden geworden. Das freche Sams verwandelt Herrn Taschenbier in einen selbstbewussten Menschen. Bei der CD-ROM „Oscar, der Ballonfahrer und die Geheimnisse des Waldes" werden natürlicher Wissens- und Forscherdrang der Kinder genutzt, eigene Beobachtungen aus der Natur ergänzt oder spielerisch gefestigt.

Die Überbetonung von optischen und akustischen Sinneseindrücken durch die mediatisierte Welt, wobei gleichzeitig die anderen Sinnesbereiche (z.B. Tastsinn und Körpererfahrungen) wenig stimuliert werden, kann ebenso wie das durch Medien vermittelte Kennenlernen von Welt aus „zweiter Hand" ein Risiko für die Entwicklung bedeuten. Zumeist lässt sich aber der kindliche Drang zum Entdecken, Experimentieren und zu Abenteuern in der realen Welt durch noch so gekonnt entwickelte Medien nicht wesentlich einschränken.

Da Medienkompetenz mittlerweile eine Grundvoraussetzung für berufliche Aktivitäten und für die Mitgestaltung des politischen und gesellschaftlichen Lebens ist, benötigen alle Kinder diese Schlüsselqualifikation. Diese Fähigkeit, Informationen gezielt auswählen und verarbeiten zu können, sollte die Schule als Basisqualifikation (im Sinne einer „vierten Kulturtechnik") wie Lesen, Schreiben, Rechnen vermitteln.

Leitbilder und Wertewandel

Als dominantes Zeichen der Gegenwart lässt sich die nachhaltige Veränderung von gewohnten Denk-, Verhaltensweisen und Orientierungsmustern sowie das allmähliche Verschwinden traditioneller Werte bezeichnen. „Es hat sich ein zunehmend heterogenes, diffuses und instabiles System von teilweise konkurrierenden Werten und Normen herausgebildet" (Bundesministerium für Familie, Senioren, Frauen und Jugend 1998, 98).

Mit dem inhaltlichen Wertewandel und einer Pluralität an Werten geht eine Individualisierung des Umgangs mit den Wertorientierungen einher. Dabei scheinen individualistische Werte soziale zu dominieren. Eine derartige Vielfalt in verschiedensten gesellschaftlichen Sektoren ermöglicht dynamische Entwicklungen, bedingt natürlicherweise aber auch eine Vielzahl an Konflikten durch Unvereinbarkeiten der Gesellschaftsmitglieder im Denken, Vorstellen, Wahrnehmen, Fühlen, Wollen (GLASL 1998, 13). Sowohl über die Gestaltung der Partnerschaft, die Geschlechtsrollen, die Arbeitsteilung wie über die Erziehung der Kinder in der Familie gibt es konkurrierende Meinungsbilder. Als gesellschaftlicher Trend, der auch in viele Familien hineinwirkt, lässt sich eine Tendenz nach Individualisierung, nach Befriedigung von Erlebnishunger und Abenteuerlust sowie Genießen des Lebens ohne Rücksicht auf andere und die eigene Gesundheit ausmachen. Damit werden Bindung, Zuneigung und Vertrauen immer schwieriger. Es besteht die Gefahr, dass wir uns zu „sozial Obdachlosen" entwickeln.

Diesen Tendenzen stehen aber auch sinnorientierte Lebenskonzepte auf der Grundlage von Verantwortung für die eigene Gesundheit und das Wohl des Nächsten gegenüber. Der Konsum- und Leistungsorientierung in der Gesellschaft stehen Forderungen nach ressourcen-schonendem Umgang mit der Natur und Wünsche nach Lebensqualität entgegen. Für Kinder sind die Familien heute Orte, an denen Interessen ausgehandelt werden. Dennoch bleiben sie vertraute Räume, in denen sie die Wechsel von Nähe und Distanz zu ihren Eltern erleben.

Partnerschaftlich denkende Eltern räumen auch Kindern und Jugendlichen ein Mitspracherecht ein und sorgen dafür, dass junge Menschen eher selbstständig werden als in früheren Jahren. Oft wird die Partnerschaft mit Kindern aber von manchen Eltern missverstanden, als ob Kinder stets selbst am besten wüssten, was für sie richtig ist. Das pädagogisch gerechtfertigte Nein der Erziehungsberechtigten wird als kinderfeindlich bezeichnet, das „Alles ist gestattet" durch fadenscheinige Argumente gestützt. Widersprüchliche pädagogische Theorien stiften mehr Verwirrung als Orientierung. Formen kommerzieller Kultur, Identifikationsfiguren aus dem Musik- und Popgeschäft sowie dem Leistungssport wirken auf die Bedürfnislage von Kindern, Jugendlichen und deren Familien ein. Durch Werbung werden sie aufgefordert, immer wieder Neues zu kaufen. Daher haben nur wenige Gegenstände für Kinder einen größeren Zeitwert.

Ausländische Mitbürger

Die Kinder erleben heute in der Stadt wie auf dem Lande Menschen, die eine andere Hautfarbe als sie haben, sich anders kleiden als sie und anders sprechen. Manche Frauen und Mädchen tragen Kopftücher. Am Wochenende sitzen manchmal mehrere ausländische Familien zusammen im Grünen, sind lebhaft in Gespräche vertieft, essen zusammen. Die Kinder und Jugendlichen spielen ausgelassen und glücklich. Diese Vielfalt verschiedener Kulturen, Lebensstile, Ethnien erleben auch die deutschen Kinder als Nachbarn, Spielpartner, Freunde. In Nordrhein-Westfalen z.B. ist jeder zehnte Bewohner ein Ausländer. Die Zuwanderung von Millionen Menschen anderer Nationalität, Sprache und Kultur fördert die Entwicklung einer multikulturellen Gesellschaft. Die Andersartigkeit von ausländischen Kindern und Eltern ruft jedoch bei manchen deutschen Eltern Angst, Abwehr, ja manchmal Fremdenfeindlichkeit hervor. Das negative Urteil von Kindern über ausländische Mitbürger, aber auch teilweise über die ins Land gekommenen Aussiedler (z.B. aus Polen und Gebieten der früheren Sowjetunion) wird häufig durch Stereotypien geprägt, die maßgeblich von Erwachsenen übernommen werden. Ausländische Kinder und Eltern nehmen umgekehrt wahr, dass sie von einzelnen deutschen Kindern und deren Eltern abgelehnt und diskriminiert werden. Die Grundschule hat hier die pädagogische Aufgabe, ihren spezifischen Beitrag für das Leben in der heterogenen, pluralen Gesellschaft zu leisten. Wie das u. a. geleistet werden kann, zeigt folgendes Beispiel einer Lehrerin:

In meiner Klasse 2 a sieht das Bild so aus: von 20 Kindern sind zwei portugiesischer und zwei polnischer Herkunft, bei einem Jungen ist die Mutter Philippinin und mit einem Deutschen verheiratet, ein Mädchen stammt aus dem Kosovo, ein Mädchen wurde in der Türkei geboren.

Wie bereichernd ausländische Eltern für eine Schulklasse oder die ganze Schule sein können, möchte ich Ihnen stichwortartig am Beispiel der Projektwoche der Grundschule zeigen, an der meine Klasse 2 a beteiligt war.

Wegen des relativ hohen Anteils ausländischer Kinder in dieser Schule hatte die Schulkonferenz nicht lange über das Motto der diesjährigen Projektwoche, die mit einer Abschlusspräsentation der Ergebnisse in den Klassen und einem Schulfest enden sollte, diskutiert: „Wir sind Kinder einer Welt". Christian, der Sohn der philippinischen Mutter, hatte durch seine Erzählungen über das Land seiner Mutter die Kinder in meiner Klasse 2 a neugierig gemacht.

Alle waren dafür, über die Philippinen Einzelheiten zu erfahren. Dazu musste allerdings zunächst seine Mutter in die Schule kommen. Ich rief sie an. Sie sagte gerne zu und kam zu mir in die Klasse. Ihr Deutsch war recht gut von allen zu verstehen. Sie meinte, dass diese andere schöne Welt dringend mal den in Deutschland lebenden Kindern vorgestellt werden müsste. Sie sollten vor allem sehen, wie in ihrem Land die Kinder schon früh Verantwortung übernähmen. Sie möchte nun darüber sprechen, wie die Kinder in den Familien lebten, wie die Menschen dort wohnten, wie die Natur dort aussähe, wie es mit Handel und Handwerk bestellt sei. Anhand von Postern und sonstigem Bildmaterial erzählte sie über ihr Land. Sie beschrieb es so eindrucksvoll, dass die Kinder anschließend gleich über mögliche Arbeitsschwerpunkte in der Projektwoche ins Diskutieren kamen.

Folgende Felder wurden gefunden und später in Gruppen bearbeitet:

Gruppe 1: Die Tierwelt auf den Philippinen
Gruppe 2: Wie die Kinder dort leben
Gruppe 3: Die Pflanzenwelt (Die Kokospalme und was alles aus ihr gewonnen werden kann, sollte im Mittelpunkt stehen.)
Gruppe 4: Landschaft und Wohnen

Die Mutter bot auch an, drei verschiedene philippinische Tänze aus unterschiedlichen Zeitepochen in der Projektwoche einzuüben. Für die Tänzerinnen und Tänzer hätte sie die entsprechenden Kostüme, natürlich auch die passende Musik. So ergab sich noch eine fünfte Gruppe. Ich besorgte eine Materialkiste mit vielen landesspezifischen Bildern, mit aus Kokosnüssen gewonnenen Produkten sowie typischen Haushaltsgeräten und Werkzeugen, die ich kostenlos bei einem Verband ausleihen konnte. Die Kinder gingen von sich aus in Geschäfte und fragten nach Produkten aus der Kokosnuss. Sie brachten mit: Bountyriegel, Kokosshampoo, Seife mit Kokosduft. So gings hochmotiviert an die Arbeit! Grundlage hierbei war der Arbeitsplan, den ich auf der Basis der Fragen der Kinder erstellt hatte. Hierdurch konnten sich die Kinder selbstständig mit der jeweiligen Thematik auseinandersetzen. An jedem Mittag trafen sich die Kinder zum Austausch ihrer Erfahrungen und zur Klärung, wie am nächsten Tag weitergearbeitet werden sollte.

Was daraus wurde

Die Klasse 2 a konnte am Abschlusstag und beim Schulfest voller Stolz das Ergebnis der einwöchigen harten Arbeit den anderen Kindern und Eltern sowie vielen Gästen vorstellen. Das Interesse daran war sehr groß. Die Mutter von Christian hatte darüber hinaus noch im Klassenraum ein „kleines Museum" mit liebgewordenen Utensilien aus ihrer Heimat ausgestellt. Zudem bot sie an einem Stand zusammen mit ihrer Mutter leckere Nationalgerichte zum Verzehr an. Die waren bereits nach einer Stunde ausverkauft. Dann hatte sie Zeit, die Tänzerinnen und Tänzer auf der großen Außentreppe des Schulgebäudes zu betreuen. Reichlich Applaus ließ die Mühen vergessen. Noch lange Zeit war „unser Schulfest" Thema Nr. 1. Christian profitierte am meisten davon, dass er eine Mutter aus einem so „tollen" Land hatte. Bei der ersten Lehrerkonferenz wie beim nächsten Elternabend und der Schulkonferenz äußerten alle Lehrkräfte und Eltern, dass das gesamte Schulfest deutlich spürbar die Kontakte der ausländischen und deutschen Mütter und Väter verbessert hätte.

Belastungen von Familien

Werden die Erwartungen und oft sehr hohen Ansprüche in Richtung Liebe, Partnerschaft, Selbstverwirklichung in Ehe und Familie nicht erfüllt, kommt es zu Konflikten. Die Kinder leiden unter den Auseinandersetzungen der Erwachsenen, zumal, wenn es nachher zur Auflösung der Familie kommt. Es ist verständlich, wenn sie dann beim Lernen in der Schule unkonzentriert sind oder beim Zusammensein mit anderen sich auffällig zeigen. Untersuchungen belegen, dass rund 70% der von der elterlichen Scheidung betroffenen jungen Menschen mit psychischen Störungen auf die Trennung reagieren.

Risikofaktoren für die kindliche Entwicklung stellen auch materielle Armut, Verschuldung, Arbeitslosigkeit, schlechte Wohnbedingungen, Suchtkrankheit eines Familienmitgliedes und gewaltsame Auseinandersetzungen der Erziehungsberechtigten dar. Hier sind oft keine individuellen Bewältigungsressourcen mehr gegeben. Problematisch wirkt sich auch aus, wenn das Beziehungsverhältnis der Eltern zu den Kindern durch Wechselbäder der Gefühle – mal aggressiv abweisend, mal übertrieben liebevoll – getrübt wird. Können Eltern die Erwartungen und Bedürfnisse ihrer Kinder wegen eigener Sozialisationsdefizite nicht ausreichend wahrnehmen, ist die Kommunikation insgesamt erschwert. Fehlt ihnen Einfühlungsvermögen in ihre Kinder und haben sie selbst nur geringe Überzeugungen von eigener Wirksamkeit erworben, können sie sich schnell von den eigenen Kindern überfordert fühlen.

Die Lebenssituation wird auch belastet, wenn sich eine Familie isoliert und nicht sozial vernetzt. Dabei könnten Eltern aus ihrem sozialen Netz, das aus Freunden, Verwandten und Großeltern der Kinder besteht, Hilfen erhalten, die der Entwicklung einer stabilen familiären Kommunikation dienen.

Kinder als Wunschkinder

Viele Eltern erwarten von ihrem gewünschten Kind, dass es ihrem Leben Sinn gibt und ihre emotionalen Bedürfnisse befriedigt. Sie beachten die Individualität ihres Kindes und legen großen Wert auf dessen Erziehung und lernwirksame Freizeitgestaltung. Hierzu reicht ihnen ein einziges Kind. Dies erklärt zugleich die abnehmende Kinderzahl in der Familie. Problematisch können sich in Ein-Kind-Familien Formen der Überbehütung, die von den Erwachsenen allein abhängige Freizeitgestaltung und das Fehlen von Kontakten mit Gleichaltrigen auswirken. Großen psychosozialen Wert bringt das Kind insbesondere für Alleinerziehende mit sich. Allerdings birgt die Vereinbarkeit von Beruf, Kindererziehung und Hausarbeit viel Belastungspotenzial in sich, wenn ergänzende Unterstützung durch Jugendhilfe und Schule fehlt oder nicht wahrgenommen wird.

Konsequenzen für Lehrkräfte

- Der Eintritt in eine neue Phase der Kindheit durch den Besuch der Grundschule macht einen besonders sorgfältig und feinfühlig gestalteten Einstieg in die Zusammenarbeit von Elternhaus und Schule erforderlich.
- Als Lehrerin und Lehrer dürfen Sie sich nicht nur an einer Familienform orientieren. Sie müssen auch andere Formen als real und als liebgewordenes Zuhause ihrer Schulkinder ansehen.
- Sie können Kindern und Jugendlichen nur gerecht werden, wenn sie sich über eine vorurteilsfreie und möglichst vertrauensvolle Zusammenarbeit mit den Erziehungsberechtigten ein klares Bild von den familiären Erziehungsbedingungen machen. Dabei muss ihnen stets bewusst sein, dass der Gesetzgeber den Eltern eine Erziehung nach ihren eigenen Vorstellungen ausdrücklich zubilligt (vgl. Art. 6 Abs. 2 GG). Da häufig beide Elternteile beruflich tätig sind, ist es zwar schwieriger, Termine für Elternkontakte mit der Schule festzulegen, aber das Interesse der Erziehungsberechtigten an der Grundschule ihrer Kinder ist zumeist doch so groß, dass mit etwas Bemühen und Verständnis die Kooperation zu Stande kommt.
- Einzelkindern sollten Sie ggf. helfen, soziale Fähigkeiten zu entwickeln, sich in Gruppen ein- und unterzuordnen, Kompromisse schließen zu lernen.
- Machen Sie sich immer wieder klar, dass Sie mit ihrem Verhalten als Modellperson wirken. Vielleicht können Sie bei widersprüchlichem elterlichen Erziehungsstil kompensierend wirken? Das darf Sie aber nicht da-

zu verführen, Ihre Vorstellung von Erziehung einzelnen Müttern oder Vätern aufzudrängen. Tatsache ist, dass viele Kinder auch zu ihrem eigenen Schutz die Erfahrung von Grenzen brauchen. Sie benötigen Regeln für das geordnete, rücksichtsvolle Zusammenleben in der Schule.

● Seien Sie sich der Tatsache bewusst, dass eigentlich alle jungen Menschen Freiräume benötigen, um im Sinne von Mündigkeit selbsthilfefähig und verantwortungsfähig zu werden. Viele verhaltensauffällige Kinder und Jugendliche brauchen Sie in der Schule immer wieder mit Ihrer liebevollen Zuwendung. Ihre erzieherisch-fürsorgliche Kompetenz ist in den meisten Fällen ebenso wichtig und wirkungsvoll für das gesamte soziale Klima in der Klasse wie Ihr Können auf dem Gebiet der Wissens- und Erkenntnisvermittlung. Junge Menschen, vor allem in belasteten Familiensituationen und bei Problemen der Ichfindung, benötigen zudem Aussprachemöglichkeiten.

● Seien Sie sich auch darüber klar, dass Sie selbst (wie auch das System Schule) in vielen Fällen überfordert sind. Das ist vor allem dann der Fall, wenn es sich um massive psychische Probleme bei Ihren Schülern oder um große familiäre Konflikte handelt. Hier besteht Ihre Hauptaufgabe darin, außerschulische Hilfen, wie z.B. Eltern- und Familienberatung, therapeutische Angebote, Integration der Kinder in eine heilpädagogische Tagesgruppe, Hilfen zur Erziehung im Sinne des Kinder- und Jugendhilfegesetzes (KJHG), Übergang in eine andere Schulform, zu vermitteln. Es ist ohnehin eine wichtige Aufgabe – allerdings vornehmlich der Schulleitung – mit der Jugendhilfe, dem neben Elternhaus und Schule wichtigen Erziehungs- und Sozialisationsfeld, ein gutes Kooperationsverhältnis aufzubauen.

● Nachdem eine Zeit lang elektronisches Spielzeug verteufelt und der PC sehr kritisch gesehen wurde, ist inzwischen bei vielen Lehrkräften wie auch bei Eltern die Einsicht gewachsen, dass Kinder schon früh Fähigkeiten im Umgang mit Medien, vor allem dem Computer, erwerben sollten. Das setzt allerdings voraus, dass Sie sich selbst zunächst im Medienwissen und in der Medientechnik kompetent gemacht haben oder machen. Dann fällt es auch leichter, die Eltern selbst zur kritischen Auseinandersetzung mit den Medien bzw. dem Medienkonsum anzuregen. Viele Eltern fühlen sich im Umgang mit der rasanten Entwicklung in der Unterhaltungselektronik überfordert und in diesem wichtigen Bereich der Erziehung sehr alleingelassen. Sie sollten es daher als eine wichtige Aufgabe der Elternarbeit ansehen, den Eltern bei der Entwicklung von Medienkompetenz zu helfen. Das ist sicher keine leichte Aufgabe und bestimmt nicht durch belehrende Thesen allein an einem Abend erreich-

bar. Medienerziehung in der Schule hat aber nicht nur den Auftrag, zum
kritisch-konstruktiven Umgang mit Medien zu verhelfen, sondern auch
immer wieder bewusst zu machen, dass nur ein sozial orientiertes und
sozial verantwortliches Zusammenleben den Menschen Glück und Zufriedenheit bringen kann. Die z. T. durch übertriebenen Medienkonsum
entstehende Verarmung an unmittelbarer Erfahrung und selbstgesteu-
erter Aktivität verlangt Ihnen heute viel ab. Sie treten dem Trend dadurch entgegen, dass Sie Ihren Unterricht handlungsbezogen anlegen,
verbunden mit viel Eigentätigkeit der Kinder. Die Formen Wochenplanarbeit, Freie Arbeit, Werkstatt- und Stationen-Arbeit bringen nicht nur
Offenheit im Lernen mit sich, sondern stellen die Kinder in den Mittelpunkt und motivieren sie zu besonders lernwirksamen Arbeitsprozes-
sen. Allerdings müssen Sie auch sensibel die individuellen Probleme der
Kinder sehen, gruppendynamische Gegebenheiten für ein gemeinsames
Lernen nutzen sowie entstehende Konflikte gemeinsam konstruktiv bearbeiten.

- Kulturelle Vielfalt akzeptieren und wertschätzen zu können, fordert von
Ihnen Toleranz und die Bereitschaft, sich mit Fremdem angstfrei und
wohlwollend auseinander zu setzen. Die Grundschüler beginnen heute
ihren schulischen Erziehungs- und Bildungsweg zusammen mit einer
großen Zahl ausländischer Kinder unterschiedlicher ethnischer Herkunft sowie verschiedener kultureller Traditionen und Normen für das
familiale Zusammenleben. Die Grundschule hat diese Gegebenheiten zu
berücksichtigen. Das ist nicht einfach und zwingt zu gründlichen Analy-
sen der situativen Bedingungen der pädagogischen Arbeit. Der Schule
fällt die Aufgabe zu, Kinder unterschiedlicher sozialer, ethnischer, kultureller und religiöser Herkunft zu befähigen, sich mit Grundfragen gesellschaftlicher und allgemein menschlicher Natur auseinander zu setzen. Das gemeinsame Leben und Lernen von deutschen und ausländischen Kindern sowie die Zusammenarbeit der Schule mit ausländischen Erziehunsberechtigten vermittelt z.B. auch interkulturelle Erfahrungen. Interkulturelles Lernen definiert sich als allgemeines Erzie-
hungsziel, in dem es um eine pädagogische und soziale Aufgabe geht.
Interkulturelle Erziehung und die Zusammenarbeit der Erwachsenen als
Mütter, Väter, Lehrerinnen und Lehrer fördert das Wissen und Verstehen anderer Nationen und Kulturen. Dadurch gelingt es, gegenseitiges
Verständnis zu entwickeln und Unsicherheiten sowie Ängste abzubauen.

Erziehungs- und Bildungsziele als Verständigungsbasis

An einem der Elternabende im ersten Schuljahr sollte dieses Thema im Mittelpunkt der gemeinsamen Arbeit stehen. Was ist nun unter Erziehung, was unter Bildung überhaupt zu verstehen?

Erziehen als intentionales Geschehen

Beim *Erziehen* geht es um den planvollen Umgang von Erwachsenen mit Kindern und Jugendlichen. Es handelt sich um ein Begleiten der jungen Menschen bei der Bewältigung ihrer Entwicklungsaufgaben. Dabei müssen die Erwachsenen sie nicht aus Angst vor Gefahren dauernd „an die Hand nehmen." Ein intaktes Familienleben bildet nicht nur das unverzichtbare Fundament erzieherischen Tuns, sondern ist gleichzeitig *das* pädagogische Medium. Im Zusammensein und Miteinanderleben von Eltern und Kindern werden vor allem Fertigkeiten und Kenntnisse, sittliche Verhaltensweisen und geistige Grundüberzeugungen erlebt und weitergegeben. Erziehung zielt darauf, Mündigkeit zu vermitteln. Das bedeutet, bei jungen Menschen Kräfte freizusetzen, dass sie ihr eigenes Leben zunehmend selbstständig und verantwortlich führen können und gemeinschaftsfähig werden. Erziehung stellt keinen einseitigen Einwirkungsvorgang von Eltern und Lehrkräften auf Kinder dar, sondern bedeutet stets eine gemeinsame Leistung von Erwachsenen und Kindern. Die Erwachsenen haben hierbei allerdings die Verantwortung. Beim Erziehen müssen Eltern wie Lehrkräfte Vieles mit den Augen der Kinder sehen und hören, sich in sie hineinfühlen und -denken.

Die Kinder brauchen ihre Eltern als aufgeschlossene und interessierte Partner, die mit ihnen über ihre Erlebnisse, Freuden und Belastungen sprechen. Das darf aber nicht zu einem festen Ritual erstarren, das solche Gespräche erzwingt. Wichtig ist für die Kinder, dass sie die Anerkennung ihrer selbst und häusliche emotionale Geborgenheit erfahren.

Erziehungspraxis und erziehender Unterricht

Ziehen Eltern und Lehrkräfte Grenzen in der Erziehung, d.h. setzen sie Richtungspfeile und Signale, sollte es ihnen vor allem darum gehen, die Kinder vor Überforderungen, Unterforderungen und gesundheitlichen Beeinträchtigungen zu bewahren. Die Erziehungspraxis besteht aus dem Bewältigen von Alltags- und Lebenssituationen. Hierbei sind Mütter und Väter, aber auch Lehrerinnen und Lehrer die helfenden Erwachsenen. In der Grundschule bringt der erziehende Unterricht, der wesentlicher Bestandteil des Schullebens ist, die entsprechenden Herausforderungen für die Kinder mit sich, damit sie pädagogisch orientiert lernen. Dieser Unterricht vereint sozialerzieherische Intentionen mit der Entwicklung emotionaler und kognitiv-sachlicher Kompetenzen. Eigenes Verhalten und Handeln wird zunehmend vor dem Hintergrund mitmenschlichen Zusammenlebens gesehen. In der Praxis der Grundschule bedeutet das, dass die Lehrkräfte die unterrichtlichen Interaktionsprozesse so gestalten, dass nicht nur Wissen, Können, Fähigkeiten und Fertigkeiten vermittelt werden, sondern die Kinder darüber hinaus eine ethisch orientierte Sensibilität für die Ausgestaltung des Zusammenlebens mit anderen Menschen erwerben können. An solch einem Gedanken von erziehendem Unterricht zu arbeiten und hierfür einen Konsens auf breiter Ebene zu gewinnen, ist eine programmatische Aufgabe der ganzen Schule, d. h. Lehrkräfte und Eltern müssen hieran im Sinne ihres Schulprogramms arbeiten.

Was Bildung kennzeichnet

Bildungsprozesse werden durch Erziehungsprozesse angeregt. Kinder und Erwachsene bilden sich selbst, von Lebensbeginn an. Durch Wahrnehmungen auf allen Sinnesebenen, Handlungen und die hiermit gemachten Erfahrungen, kognitive und emotionale Prozesse schaffen sich Kinder mit Konstruktionsprozessen gleichsam eine virtuelle Welt im Kopf und im Körper. Sie lässt sie in der äußeren Welt zunehmend handlungsfähig werden.

Damit sich Bildung ereignet, brauchen Kinder Freiräume. Sie benötigen sie beim Erobern ihrer Umwelt, um ohne ständige Kontrolle der Erwachsenen spielen und toben zu können. Zum Ausprobieren und Entdecken der Natur – auch von eigenen Grenzen – brauchen sie andere Kinder, Nachbarskinder und Klassenkameraden, mit denen sie gemeinsam aktiv sind. Dafür sind für sie nur selten Denkanstöße vonseiten der Erwachsenen erforderlich. Sie setzen sich mehr und mehr selbst Entwicklungsziele in der Spannung zwischen eigenen Leistungsmöglichkeiten, Handlungsbereitschaft sowie Handlungsfähigkeit und den kulturellen Normen.

Bildung wird als ganzheitlicher, dynamischer und individueller Prozess verstanden, der sich im Inneren der Person, also intrapersonal, vollzieht. Die geschichtlich-gesellschaftlich-kulturell gestaltete Wirklichkeit stellt den bildungswirksamen Zusammenhang dar. In unmittelbarer Auseinandersetzung mit der Welt, d.h. mit anderen Menschen, der Kultur und Natur formt der Mensch sich selbst. „Bildung ist immer Selbstbildung" (BADRY

1999, 64). „Bildung heißt unterwegs sein, sich entwerfen, kämpfen, andere mitnehmen und ihr Gefährte sein" (WINKEL 1997, 525). Hier wird deutlich, dass der Bildungsprozess auch eine soziale Dimension hat. Sie zeigt
sich darin, „Mitverantwortung für die Gestaltung der zwischenmenschlichen Beziehungen und der ökonomischen, gesellschaftlichen, politischen
und kulturellen Verhältnisse zu übernehmen und die eigenen Ansprüche,
die Ansprüche der Mitmenschen und die Anforderungen der Gesellschaft in
eine vertretbare, den eigenen Möglichkeiten entsprechende Relation zu
bringen" (BILDUNGSKOMMISSION NRW 1995, 31). Erziehung als zielorientierte
Tätigkeit der Erwachsenen und Bildung als Selbstbildung sind vielfältig miteinander verbunden. Eine gute Verbindung gelingt dann, wenn zumindest
einige Erziehungsziele der Erwachsenen zu Bildungszielen der Kinder werden.

Erziehungsziele der Schule

Zwischen Eltern und Lehrkräften ist das Kardinalziel des Erziehungs- und
Bildungsauftrags, die mündige Teilhabe am demokratischen Leben in unserer Gesellschaft, sicher nicht strittig. Hierzu muss auch die Grundschule
ihren Beitrag leisten und den Grundstein zu folgenden Fähigkeiten legen:

- mit den eigenen Bedürfnissen und den Bedürfnissen anderer achtsam
  umgehen;
- eigene Auffassungen, Vorstellungen und Ansprüche formulieren;
- anderen Auffassungen respektvoll begegnen;
- Möglichkeiten und Regeln des Miteinanders entwickeln;
- die eigenen Rechte und Pflichten kennen und entsprechend handeln lernen;
- Konflikte austragen und versuchen sie konstruktiv zu lösen;
- für eigenes Handeln und für Mitmenschen mehr und mehr Verantwortung übernehmen.

Solche Fähigkeiten lassen sich nicht allein durch Wissensvermittlung aufbauen, sondern dadurch, dass Kinder an konkreten Beispielen, Maßnahmen und im Umgang mit anderen Kindern und den Erwachsenen lernen.
Lehrer müssen deshalb eine demokratische Kultur des Umgangs mit den
Kindern wachsen lassen. Die Erwachsenen wirken hier als Modellperso-
nen, die nachhaltig auf das Erleben, Verhalten, aber auch auf die Einstellung zu anderen Menschen mit ihren Eigenarten wirken.
    Bei einer Schule, die vom Kinde aus gedacht wird, geht es nicht nur da-
rum, tragfähige Kenntnisse und fachliche Grundlagen zu schaffen, sondern

auch die personale Dimension (Selbsthilfefähigkeit, Verantwortungsfähigkeit) und die soziale Dimension (Solidarität, einfühlsames Verhalten) in gleicher Weise mit zu berücksichtigen. Eine solche grundlegende Bildung sollte allen vermittelt werden. Bildung als intrapersonaler Vollzug benötigt Freiräume. Von hier aus lässt sich daher die Freie Arbeit in der Schule stimmig begründen. Sie macht Ernst damit, dass Kinder Freiheit und Verantwortung in Lernsituationen erproben. Dass das Nachdenken über hierbei erzielte Erfolge und Misserfolge dazugehört, ist Teil des bewussten und reflektierten Lernens.

In den Gesetzen, Rechts- und Verwaltungsvorschriften einschließlich der Bildungspläne sind generelle schulische Zielvorstellungen formuliert. Die Schule soll:

- Wissen, Fertigkeiten und Fähigkeiten vermitteln,
- zu selbstständigem kritischem Urteil, eigenverantwortlichem Handeln und schöpferischer Tätigkeit befähigen,
- zu Freiheit und Demokratie erziehen,
- zu Toleranz, Achtung vor der Würde des anderen Menschen und Respekt vor anderen Überzeugungen erziehen,
- friedliche Gesinnung im Geist der Völkerverständigung wecken,
- ethische Normen sowie kulturelle und religiöse Werte verständlich machen,
- die Bereitschaft zu sozialem Handeln und zu politischer Verantwortlichkeit wecken,
- zur Wahrnehmung von Rechten und Pflichten an der Gesellschaft befähigen,
- über die Bedingungen der Arbeitswelt orientieren.

Als wichtige Erkenntnis der pädagogisch-psychologischen Praxis gilt hierbei, die Lernfreude der Kinder vor allem durch ermutigende und fördernde Hilfen zu erhalten und weiter zu fördern.

Rechte, Pflichten und Mitwirkung von Eltern in der Schule

Die elterliche Sorge

Dieser Begriff bringt die Verantwortung der Eltern gegenüber ihrem Kind zum Ausdruck. Eltern haben ihre Elternrechte zum Wohl des Kindes auszuüben. Das gilt als Grundsatz. Sie eigennützig zur Selbstverwirklichung zu benutzen, widerspricht diesem. Angesichts der Vielfalt an Familienformen stellt sich die Frage, wer ist mit „Eltern" gemeint und wer hat die „elterliche Sorge" für das Kind?

Bei minderjährigen ehelichen Kindern sind Vater und Mutter als Eltern Inhaber der elterlichen Sorge und damit erziehungsberechtigt (§ 1626 BGB). Auch die Mutter eines nichtehelichen Kindes zählt zu den Eltern (§ 1705 BGB). Kein elterliches Sorgerecht hat aber der Vater des nichtehelichen Kindes. Dies erhält er nur dann, wenn er die Mutter heiratet (§ 1719 BGB), wenn das Kind auf seinen Antrag oder den des Kindes für ehelich erklärt wird (§§ 1723, 1740a ff. BGB) oder wenn er sein Kind adoptiert. Mit „Eltern" sind also diejenigen gemeint, denen nach bürgerlichem Recht die elterliche Sorge zusteht.

Die Rechte und Pflichten der Eltern, für ihr minderjähriges Kind zu sorgen (die „elterliche Sorge") gliedert der Gesetzgeber in die Bereiche:

- **Personensorge** (§§ 1631 ff. BGB): Sie umfasst Betreuung, Pflege, Erziehung, Aufenthaltsbestimmungsrecht, Aufsicht, Umgangsregelung, Herausgabeanspruch.
- **Vermögenssorge** (§§ 1638 ff./ §§ 1667 ff./ §§ 1698 ff. BGB): Sie umfasst Verwaltung des Kindesvermögens, dessen Vermehrung, Erhaltung sowie Verwertung.
- **Gesetzliche Vertretung** des Kindes in allen Angelegenheiten: Sie umfasst z.B. rechtsgeschäftliche Handlungen, Anträge auf Ausbildungsbeihilfen und Jugendhilfeleistungen, Einwilligung in ärztliche Behandlung, Vertretung bei der Geltendmachung und gerichtlichen Durchsetzung von Rechtsansprüchen aller Art.

Sind beide Elternteile sorgeberechtigt, so haben sie sich bei Meinungsverschiedenheiten in Fragen der Sorge für das Kind und auch in Fragen von Erziehung und Bildung sowie der Zusammenarbeit mit der Schule zu einigen. Sie vertreten ihr Kind im sog. Außenverhältnis (§ 1629 BGB), also im Verhältnis zur Schule, grundsätzlich gemeinschaftlich. Sie können sich allerdings auch für bestimmte Handlungen gegenseitig zur Alleinvertretung ermächtigen.

Sind die Eltern bei der Geburt des Kindes nicht miteinander verheiratet, erwerben sie die gemeinsame Sorge durch die Erklärung, dass sie diese übernehmen wollen (§ 1626a Abs. 1 BGB). Eine solche Erklärung muss von den Eltern selbst abgegeben werden. Sie ist öffentlich zu beurkunden und darf nicht mit einer Bedingung oder Zeitbestimmung verbunden sein. Heiraten die Eltern nicht und geben auch keine Sorgeerklärungen ab, hat die

Mutter die alleinige Sorge (§ 1626b BGB). Bei Trennung oder Scheidung kann das Familiengericht einem Elternteil auf dessen Antrag unter bestimmten Voraussetzungen die Alleinsorge übertragen (§ 1671 BGB). Leben Eltern getrennt, denen die elterliche Sorge gemeinsam zusteht, so müssen sie dann Einvernehmen herstellen, wenn es sich um Entscheidungen handelt, die für das Kind von erheblicher Bedeutung sind. Sollte es im Streitfall keine Einigung geben, überträgt das Familiengericht die Entscheidung auf die Mutter oder den Vater (§§ 1687 Abs. 1, Satz 1 und 1628 BGB). Handelt es sich um Entscheidungen des täglichen Lebens, die häufig vorkommen und keine maßgeblichen Auswirkungen auf die Entwicklung des Kindes haben, so ist derjenige Elternteil zuständig, bei dem das Kind wohnt (§ 1687 Abs. 1 Satz 2 und 3 BGB).

Die Grundschule sollte wissen, wem das Sorgerecht zusteht. Sie ist dann informiert, wer für die Entscheidungen in Angelegenheiten des täglichen Lebens sowie in Fragen des Schulverhältnisses (z.b. Entschuldigung im Falle von Krankheit oder Zustimmung zur Teilnahme an zusätzlichen schulischen Veranstaltungen) zuständig ist. Sie kann z.b. bei Kindern, deren Eltern nicht verheiratet sind oder getrennt leben, eine Erklärung von den Eltern erbitten, ob Alleinsorge oder gemeinsame Sorge besteht.

Elternrecht und staatlicher Erziehungsauftrag der Schule

Dem Art. 6 Abs. 2 GG nach sind „Pflege und Erziehung der Kinder das natürliche Recht der Eltern und die zuvörderst ihnen obliegende Pflicht. Über ihre Betätigung wacht die staatliche Gemeinschaft." Damit wird klargestellt, dass die Eltern die Erziehung zwar nach ihren eigenen Vorstellungen im Sinne des Kindeswohls gestalten dürfen, zugleich ist dieses Recht pflichtgebunden. In § 1 des Kinder- und Jugendhilfegesetzes (Sozialgesetzbuch VIII / KJHG) hat der Staat in Korrespondenz zum Elternpflichtrecht den Anspruch des Kindes auf Erziehung zu einer selbstständigen und gemeinschaftsfähigen Persönlichkeit formuliert. Die staatliche Gemeinschaft wacht über die erzieherische Betätigung der Eltern. Sie greift ein, wenn Eltern dem Erziehungsanspruch ihrer Kinder nicht gerecht werden, unterstützt und ergänzt ihre pädagogische Verpflichtung durch Angebote und Maßnahmen der Jugendhilfe. Der Staat kann aber auch eine unzureichende elterliche Erziehung ersetzen (§ 1 Abs. 3 SGB VIII, § 1666 BGB).

Im Schulbereich belässt es der Staat aber nicht beim Wächteramt. Er hat hier vielmehr einen eigenständigen Erziehungsauftrag (Art. 7 Abs. 1 GG) wahrzunehmen. Dieser ist dem Erziehungsrecht der Eltern nicht nach-, sondern gleichgeordnet. Den staatlichen Verantwortungsbereich bilden

„die Organisation des Schulwesens nach Schularten und Schulstufen, die Festlegung der Unterrichtsinhalte und -methoden sowie die Ausgestaltung des Berechtigungswesens" (AVENARIUS 2000, 437). Dennoch muss der Staat für die „Vielfalt der Anschauungen in Erziehungsfragen soweit offen sein, als es sich mit einem geordneten staatlichen Schulsystem verträgt" (a.a.O., 438). Angelegenheit der Eltern ist es, den Bildungsgang ihres Kindes zu bestimmen.

Elternrecht und staatlicher Erziehungs- und Bildungsauftrag sind beide dem Leitprinzip des Kindeswohls, aber auch dem Anspruch des Kindes auf Erziehung (s. § 1 KJHG) verpflichtet. Diese gemeinsame Aufgabe ist nur durch ein sinnvoll aufeinander bezogenes Zusammenwirken zu erfüllen. Dabei ist die Schule verpflichtet, sowohl die Entwicklung des einzelnen Schülers als auch die Entwicklung aller Schüler zu fördern.

Mitwirkung von Eltern in der Schule

Aus Art. 6 Abs. 2 GG lässt sich ein Individualrecht der Eltern zur Mitwirkung in der Schule ableiten, das auf das einzelne Kind bezogen ist. Die Landesgesetzgeber haben ergänzend hierzu Elterngremien mit Mitwirkungsrechten in unterschiedlichster Ausgestaltung und mit unterschiedlichem Umfang geschaffen. Über die Beteiligungs- und Mitwirkungsrechte der Eltern in der Schule wird der Einfluss der elterlichen Erziehungsverantwortung auch in der Schule gesichert. Art. 7 Abs. 1 GG schreibt zwar die staatliche Verantwortung für die Schule vor, dennoch wird durch Mitwirkungsgesetze der Einfluss der Eltern in Form von Mitentscheidung und Beteiligung (als Anhörungs-, Anregungs-, Beratungs- und Vorschlagsrecht) auf die Gestaltung von Unterricht und Schulleben vom Gesetzgeber ausdrücklich gewünscht und rechtlich abgesichert. Durch solche Partizipationsmöglichkeiten der Eltern soll die Eigenverantwortung aller betroffenen Erwachsenen zum Wohle des Schülers gefördert werden. Das notwendige Zusammenwirken der für die Erziehung verantwortlichen Eltern und Schulpädagogen soll in differenzierten Formen und auf unterschiedlichen Ebenen (Klasse, Stufe, Schule) sowie durch Verwirklichung unterschiedlicher Entscheidungsbefugnisse gestärkt werden.

In Nordrhein-Westfalen z.B. regelt das Schulmitwirkungsgesetz (SchMG) die partnerschaftliche Zusammenarbeit von Lehrern, Eltern und Schülern. Hier bildet die Klassen- bzw. Jahrgangsstufenpflegschaft die unterste Ebene der Mitwirkung der Erziehungsberechtigten. Diese Pflegschaft ist an der Bildungs- und Erziehungsarbeit in der Klasse beteiligt. Insbesondere sind folgende Beratungsthemen vom Gesetzgeber vorgesehen:

1. Art und Umfang der Hausaufgaben
2. Durchführung der Leistungsüberprüfungen
3. Einrichtung freiwilliger Arbeitsgemeinschaften
4. Schulveranstaltungen außerhalb der Schule
5. Anregungen zur Einführung von Lernmitteln
6. Bewältigung von Erziehungsschwierigkeiten

Darüber hinaus ist die Pflegschaft im Rahmen der Lehrplanrichtlinien bei der Auswahl der Unterrichtsinhalte zu beteiligen (vgl. § 11 Abs. 6 u.7 SchMG i. d. Fassung v. 19.4.94).

Was heißt hier „Beteiligung"?

Diese Form der Mitwirkung hat eine empfehlende Wirkung, die durch den Sachbeitrag der Beteiligten entsteht. Die entscheidende Stelle, nämlich die Lehrerin oder der Lehrer, hat z.b. beim Thema „Durchführung der Leistungsüberprüfungen" diesen Sachbeitrag zu berücksichtigen. Die „Beteiligung" lässt sich weiter differenzieren in (vgl. MARGIES u. a. 1998, 18 ff.):

- *Anhörung* (Abgabe einer Stellungnahme zu einem bestimmten Sachverhalt)
- *Beratung* (zielt auf einen wechselseitigen Austausch von Erfahrungen, Meinungen, Vorstellungen, Wünschen)
- *Anregungen, Vorschläge* (Anregungen beziehen sich auf Maßnahmen oder Vorhaben, die erwogen werden können; Vorschläge beziehen sich konkret auf einen gegebenen Sachverhalt oder bestimmte Maßnahmen)

Die Schulkonferenz stellt in Nordrhein-Westfalen das oberste gemeinsame Entscheidungsorgan von Lehrkräften und Eltern im Hinblick auf die Bildungs- und Erziehungsarbeit an der einzelnen Schule dar. Es „entscheidet" z.b. die Gestaltung der Beratung an der Schule oder die Festlegung von Grundsätzen zur zeitlichen Koordinierung von Hausaufgaben und Leistungsüberprüfungen. Die Entscheidung bedeutet, dass eine Angelegenheit damit abschließend geregelt wird. Die rechtsverbindliche Regelung ist von den Betroffenen zu beachten.

Informationspflicht der Schule

Damit die Eltern fundiert an der Gestaltung des Schulwesens mitwirken können und sich eine vertrauensvolle Zusammenarbeit zwischen ihnen und der Schule ergeben kann, ist es Pflicht der Schule, die Eltern entsprechend zu informieren. Die Schulleitung hat daher die Amtsblätter, Erlasse, Verfügungen, schulrechtlichen Kommentare, Richtlinien und Lehrpläne sowie die Schriften des Kultusministers bereitzustellen. Erziehungsberechtigte sollten dieses Informationsangebot wahrnehmen, um ihr Elternrecht qualitativ und effizient in der Schule realisieren zu können. Die Lehrkräfte haben den Erziehungsberechtigten zu Beginn des Schuljahres mitzuteilen, was sie pädagogisch und unterrichtlich vorhaben. Sie sollten die Anregungen der Eltern hierzu in ihre Überlegungen einbeziehen.

Die Beratungsunterlagen für die Sitzungen der Mitwirkungsorgane sollten so verständlich abgefasst werden, dass möglichst alle Eltern in den schulischen Mitwirkungsgremien mitsprechen und mitentscheiden können. Die Erziehungsberechtigten können nach Rücksprache mit der Lehrkraft am Unterricht und sonstigen Schulveranstaltungen teilnehmen (z.B. § 39 Allgemeine Schulordnung in Nordrhein-Westfalen). So besteht die Möglichkeit, Einblick in den Unterrichtsalltag bzw. andere pädagogische Aktivitäten zu erhalten, nähere Details über den heutigen Unterricht sowie über Lehr- und Lernprobleme kennen zu lernen. Das Verständnis der Erziehungspartner füreinander kann so wachsen. Es ergeben sich u. U. ganz konkrete Anknüpfungspunkte für Gespräche auf der Klassenpflegschaftsebene über Erziehungsziele und die Gestaltung des pädagogischen Verhältnisses. Die Notwendigkeit, sich in grundsätzlichen Erziehungsfragen abzustimmen, kann als Anliegen bewusst werden.

Mit Blick auf das einzelne Kind ist es die Pflicht der Schule, die Erziehungsberechtigten über die Entwicklung ihres Kindes im Lern-, Leistungs- und Sozialverhalten zu informieren. Die Schule berät auch die Eltern. Hierzu sind Sprechstunden und Sprechtage durchzuführen. Diese Beratungsangebote der Schule sollten die Eltern sowohl im Interesse ihres Kindes, für das sie Verantwortung tragen, wie auch zur Vertiefung einer vertrauensvollen Zusammenarbeit zwischen Schule und Elternhaus wahrnehmen. Die Beratung ist z.B. dringend erforderlich bei Lern- und Leistungsproblemen, Verhaltensauffälligkeiten, aber auch beim Übergang in eine andere Schule oder in weiterführende Schulen der Sekundarstufe I.

Pflichten der Eltern

Die Erziehungsberechtigten haben die Schule bei der Verwirklichung ihrer pädagogischen Aufgaben zu unterstützen. Sie sind verantwortlich dafür, dass sie ihr Kind für den Schulbesuch entsprechend ausstatten und sich darum kümmern, dass es regelmäßig am Unterricht und anderen verbindlichen schulischen Veranstaltungen (z.B. Schulwanderungen, -fahrten, Erkundungen, Arbeitsgemeinschaften) teilnimmt. Die Schule verlangt zudem, dass die Schülerinnen und Schüler

- sich auf den Unterricht vorbereiten,
- aktiv im Unterricht mitarbeiten,
- die gestellten Aufgaben erledigen,
- die für den Unterricht benötigten Lern- und Arbeitsmittel mitbringen,
- die Ordnung in der Schule einhalten und
- den für einen geordneten Schulbetrieb erforderlichen Anordnungen der Schulleitung und der Lehrkräfte folgen.

Bei allen diesen Punkten geht es häufig nicht ohne die Mithilfe der Eltern.

Der Nutzen wissenschaftlicher Ansätze für die Elternarbeit

Arbeit mit Eltern und Familien setzt bereits vor der schulischen Kooperation ein. Hier ist die freie und öffentliche Jugendhilfe mit ihren Institutionen verantwortlich, wie z.B. Kindertagesstätten, Beratungsstellen, Frühförderstellen für behinderte oder von Behinderung bedrohte Kinder. Positive und negative Vorerfahrungen, die Erziehungsberechtigte hier gemacht haben, sowie die Erinnerungen an die eigene Schulzeit wirken in der Einstellung und Erwartung beim Aufbau von neuen Beziehungen mit den Schulpädagogen in der Grundschule weiter.

Was können Sie als Lehrkräfte aus wissenschaftlichen Erkenntnissen an Orientierungshilfen für die Gestaltung der Zusammenarbeit mit Erziehungsberechtigten gewinnen?

Verhaltenstheoretische Ansätze

Bei verhaltenstheoretischen Ansätzen steht das Lernen im Mittelpunkt. Verhalten gilt als Ergebnis von Lernprozessen. Hier werden klassisches, instrumentelles und operantes Konditionieren (PAWLOW, SKINNER, WATSON) sowie Modelllernen (BANDURA) genannt. Erwünschtes Verhalten kann durch Vermittlungs- und Verstärkungsprozesse gelernt, unerwünschtes durch Formen der „Bestrafung" gelöscht werden. Gerade das soziale Lernen gründet zu großen Teilen auf Nachahmungseffekten, die sich an Personen mit besonderen Persönlichkeitsmerkmalen orientieren (Imitations- oder Modelllernen im Sinne der sozialkognitiven Theorie von BANDURA).

Zur Bewältigung des Schulalltags mit der intentionalen Erziehungs- und Bildungsarbeit gehört das Wissen um diese Ansätze und der verantwortungsbewusste Umgang mit diesen Kenntnissen dazu. Inwiefern Sie aber z.b. durch gezielte, längerfristige Verhaltensbeobachtungen des einzelnen Schülers in der Schule wie auch in dessen Familie Möglichkeiten der Verhaltensbeeinflussung entwickeln können, bleibt fraglich und kann schnell zur Überforderung werden. Im direkten Umgang mit Eltern ist ein Handeln im Sinne von verhaltenstheoretischen Ansätzen ungeeignet, da Sie Gefahr laufen, aus der Rolle des gleichwertigen Erziehungspartners in die des Therapeuten zu geraten. Was aber besonders beachtet werden will, sind die Forschungsergebnisse BANDURAS, die eindrucksvoll belegen, welche Bedeutung gute Erwachsenenvorbilder haben. Aber auch Sie selbst in Ihrer herausgehobenen Stellung als Lehrerin oder Lehrer beeinflussen die Erziehungsberechtigten: Ihr Verhalten im Umgang mit Eltern ist ein wichtiger Faktor beim Aufbau von Einstellungen zu Ihnen, zur Schule, bei der Gestaltung von Beziehungen, bei der Motivation zur Zusammenarbeit mit Ihnen.

Humanistische Ansätze

Humanistische Ansätze (z.B. PERLS, ROGERS, GORDON, TAUSCH, FRANKL) gehen im Wesentlichen von folgendem Menschenbild aus: Menschen bemühen sich ganz natürlich um sozialverantwortliche Autonomie. Sie sind aktiv, weil die grundlegenden Antriebskräfte des Organismus nach Selbstverwirklichung und nach Wachstum der schöpferischen Kräfte streben. Die menschlichen Handlungen werden auch durch Wertvorstellungen (Freiheit, Gerechtigkeit, Menschenwürde) geprägt. Der Mensch sucht nach Sinn und Erfüllung über die eigene Existenz hinaus. Er stellt ein bedeutungsvolles Ganzes aus Körper, Gefühlen und Verstand dar.

Mit Blick auf Elternarbeit haben diese theoretischen Orientierungen sehr große Bedeutung. Sie können z.B. unsere Einstellung zu Kindern, deren Eltern und Familien maßgeblich beeinflussen, wenn wir diesen die Fähigkeit zuschreiben, sich prinzipiell selbst helfen zu können. In der Kooperation mit Erziehungsberechtigten ginge es dann wesentlich darum, z.B. durch Gespräche Hilfen zur Selbsthilfe zu vermitteln, die individuellen Selbstgestaltungskräfte der Familie zu unterstützen. Das erfordert Zeit, Geduld und die Fähigkeit, Grenzen zu erkennen und zu ziehen. Mit Gesprächen sind nicht nur die „Tür-und-Angel-Gespräche" oder die Diskussionsrunde im Rahmen des Elternabends gemeint, sondern auch das Einzelgespräch, in dem Zeit für Reflexion und Raum für Selbstexploration gegeben ist.

Es können die Grundsätze („Basisvariablen") nach ROGERS aus der klientenzentrierten Gesprächspsychotherapie herangezogen werden: Akzeptanz, Empathie und Kongruenz. In der Begegnung mit Eltern bedeutet *Akzeptanz* die positive Wertschätzung, die Eltern in ihrer individuellen Situation zu sehen, sie mit emotionaler Wärme anzunehmen. Sie werden ernst genommen, auch – und gerade – wenn sie mal irrational oder ambivalent reagieren. Durch Hineinfühlen (*empathisches* Verhalten) in ihre Nöte, Ängste, aber auch in ihr Glück kann ein Vertrauensverhältnis entstehen, in dem Konkurrenzdenken unnötig ist. Die Echtheit *(Kongruenz)* im Verhalten in den Prozessen gemeinsamer Arbeit macht Sie als Lehrerin oder Lehrer für Eltern zu ernstzunehmenden Partnern. Ein authentisches Gegenüber schafft Sicherheit, Vertrauen und vermittelt fachliche Autorität – unter Einbezug der anderen Verhaltensgrundsätze – im positiven Sinne. So kann Arbeit mit Eltern und Familien partnerschaftlich wachsen, gegenseitige Ergänzung und Erweiterung von Kompetenzen kann sich entwickeln.

Themenzentrierter interaktionaler Ansatz

Der themenzentrierte interaktionale Ansatz (COHN) stellt das Gleichgewicht der drei Bezüge des Ich, des Wir, des Themas in den Mittelpunkt. Dazu kommt das sog. Globe, das sich hier am besten mit situativen Bedingungen und den gesamtgesellschaftlichen Gegebenheiten umschreiben lässt.

Sie als Lehrerin und Lehrer müssen sowohl das Bedürfnis der einzelnen Mutter, des einzelnen Vaters (deren Ich) als auch die Interessen der Elterngruppe (das Wir) wie auch den Fortschritt der Arbeit am Thema oder Problem im Blick behalten. Dazu müssen Sie die situativen und individuellen Gegebenheiten sowie gesamtgesellschaftliche Entwicklungen in ihrem Einfluss berücksichtigen. Die von COHN vorgeschlagenen Kommunikationsregeln, wie z.B. „Störungen haben Vorrang", „Sprechen in der Ich–Form, nicht als wir oder man", können wesentlich zum aktiven, subjektbezogenen, problemlösenden Mitwirken der Eltern in der Schule beitragen.

Systemische Ansätze

Nach systemischen Ansätzen (PALAZZOLI u.a.) gilt die Familie als ein System, bei dem die Gesamtheit der Wechselbeziehungen innerhalb des Systems (einschließlich der familialen „Spielregeln") die Struktur bildet. Das familiäre System strebt danach, eine einmal erreichte Stabilität als Gleichge-

wichtszustand beizubehalten. Ändern sich innere oder äußere Gegebenheiten oder Bedingungen (z.B. Schulwechsel des Kindes, Leistungsprobleme in der Schule, Arbeitslosigkeit eines Elternteils), entsteht ein Ungleichgewicht. Es sind Anpassungsbemühungen erforderlich. Die Familienmitglieder konstruieren durch Interaktionen ihre besondere Familien-
wirklichkeit. Sie tauschen ihre Gedanken und Gefühle aus, bestätigen oder
kritisieren sich. Die bewussten und unbewussten Anteile des Handelns werden maßgeblich von der Interpretation der gegenseitigen Erwartungen ge-
steuert. Durch zunehmende Beteiligung der Kinder am Bewerten von Auffassungen, Handlungen, Entscheidungen der Erwachsenen, werden ihnen
ethische Kriterien einsichtig gemacht, gewinnen sie selbst ein Fundament
normativer Überzeugungen.

Schafft eine Familie die psychisch-soziale Balance nicht, so wird die familiale Interaktion eingeschränkt und blutarm. Lebendige Austauschpro-
zesse fehlen. Darunter leiden dann alle Familienmitglieder, nicht zuletzt
auch die Kinder.

Die durch Erziehungs- und Sozialisationsprozesse in der Familie gewonnenen Orientierungen helfen den Kindern beim Verhalten in der Schule.
Schwierigkeiten stellen sich aber ein, wenn diese übernommenen normati-
ven Kriterien nicht mit den in der Schule vermittelten Werten in Einklang
zu bringen sind. Hier müssen Sie dann mit den Erziehungsberechtigten
nach Kompromissen suchen. Das Kind kann nicht der alleinige Ansprech-
partner sein.

Das Kind als Teil des Mikrosystems Familie aufzufassen, bedeutet für Sie
nicht nur den sozialen Kontext, die Lebenswelt des Kindes, in die Planung
und Gestaltung von Lehr- und Lernprozessen einzubeziehen. Vielmehr
muss es stets als Teil oder „Vertreter" eines psychosozialen, eng miteinander verbundenen Systems angesehen werden. Das Kind bringt seine familiale Sozialisation mit in die Schule, wie es die Erlebnisse, Erfahrungen,
Kenntnisse und Erkenntnisse aus der Schule und dem Zusammensein mit
Ihnen und den anderen Kindern mit in die Familie bringt.

Zeigt ein Kind auffälliges Verhalten in der Schule und zu Hause, so fragen Sie im Sinne systemischen Denkens, welche Funktion dieses Symptom
innerhalb des Systems Familie und der Schule erfüllt. Die Bearbeitung dieses Phänomens kann demnach nicht ausschließlich symptomorientiert am
Kind erfolgen. Evtl. müssen sich die Familienmitglieder neu arrangieren
und andere Formen der Problembewältigung suchen. Hilfe von pädagogischer Seite wäre demnach für die ganze Familie angesagt. Wahrscheinlich
müssen Sie in solchen Fällen den Dienst von Beratungsstellen vermitteln.

Bei Konflikten in zwischenmenschlichen Beziehungen, vor allem in Ehe und Partnerschaft, sollten Sie nicht beratend tätig werden, da es eine zeitliche, wie auch fachliche Überforderung wäre. Beratung eines Erziehungsberechtigten in der Schule im Sinne des systemischen Ansatzes bedeutet: der Beratungsprozess setzt zwar bei der Einzelperson und ihrem individuellen Anliegen an, berücksichtigt die zurückliegenden Lernprozesse, Erfahrungen und Sozialisationsbedingungen, legt dann aber verstärkt Wert auf die aktuelle soziale Vernetzung in der Familie und auch mit anderen sozialen Systemen in der unmittelbaren Lebensumwelt.

Eltern sollten von Seiten der Schule nicht als Co-Therapeuten ihrer Kinder eingesetzt werden. Das bewirkt eine irritierende Identifikation der Eltern mit ihrer Aufgabe und Rolle innerhalb der eigenen Familie und der Beziehungen zum Kind. Sie dürfen ebensowenig zum „Erfüllungsgehilfen" pädagogischer und therapeutischer Fachkräfte gemacht werden, die man über Ziele, Methoden, Zeit nicht informiert, weil sie als Laien den „Heilungsprozess" ihres Kindes „stören" würden.

Kommunikationstheorien

Mit zu den systemischen Ansätzen gehören die theoretischen Konzepte zur menschlichen Kommunikation (WATZLAWICK u.a.), bei denen Verwendungszweck und die Wirkung von Zeichen (z.B. Sprache) im Hinblick auf das Kommunizieren mit anderen Menschen herausgearbeitet werden. Mit Kommunikation wird alles Verhalten in einer zwischenmenschlichen Situation gemeint. Jede Information besitzt außer dem Sach- einen Beziehungsaspekt. Mit jeder Nachricht wird mehr oder weniger mitgeteilt, was man von dem anderen hält oder wie man zu ihm steht. Durch verbale, aber auch non-verbale Äußerungen (z.B. Mimik, Gestik, Körperhaltung, Tonfall der Stimme) wird Beziehung deutlich. SCHULZ VON THUN (1996, 45) geht davon aus, dass sich jede Nachricht aus vier Bestandteilen zusammensetzt:

- dem *Sachaspekt*: Er informiert über die Sache, Tatbestände, Verläufe.
- dem *Selbstoffenbarungsaspekt*: Er sagt etwas aus über den „Sender" und sein aktuelles Befinden.
- dem *Beziehungsaspekt*: Er drückt aus, was man vom Kommunikationspartner hält und wie man zueinander steht.
- dem *Appellaspekt*: Er teilt Wünsche, Hoffnungen, Erwartungen mit.

Die Kommunikationstheorien sind hilfreich, um Störungen in der Kommunikation klären und sich dann besser verstehen zu können. Ein gutes „Beziehungsklima" ist die beste Voraussetzung zum Besprechen problemati-

scher Sachverhalte. Sie werden aus eigener Erfahrung wissen, dass im Gespräch mit Eltern oft dann Probleme entstehen, wenn sich die Gesprächspartner ausschließlich auf einen (meist den Sach-) Aspekt konzentrieren
und den anderen außer Acht lassen. Ein konstruktives Gespräch mit Erziehungsberechtigten zeichnet sich dadurch aus, dass jede Seite ihre Absicht
verfolgt und gleichzeitig auf die andere Seite eingeht. So entsteht eine sym-
metrische Interaktionsstruktur, in der niemand zu kurz kommt, aber auch
niemand dominiert.

Entwicklungsphasen der Kooperation

Aus der Sozialpsychologie, vor allem aus den Theorien über gruppendynamische Entwicklungsprozesse, ist bekannt, dass sich bei neu entstehenden
Gruppierungen ähnlich verlaufende Prozessphasen ergeben (vgl. NEUBAUER
1995, 132 ff.). Wenn die Elternarbeit mit der Gruppe der Erziehungsberechtigten beginnt, handelt es sich also auch um den Beginn eines grup-
pendynamischen Prozesses.

In der ersten Phase formiert sich zunächst die Gruppe. Die Beziehungen
sind eher förmlich. Man begrüßt sich zwar freundlich, bleibt aber eher distanziert. Diese Phase wird *Formierung der Gruppe* genannt. Bei der zweiten Phase werden Meinungen und vielleicht auch eigene Vorschläge ausge-
tauscht. Unterschiedliche Auffassungen werden deutlich. Es können sich
Teilgruppen und Koalitionen bilden, deren Mitglieder sich untereinander
stützen, als Gruppen aber eher „bekämpfen". Ein Zusammengehörigkeits-
gefühl ist noch nicht vorhanden. Hier spricht man von der *Phase der Auseinandersetzung*. Eine Klärung der Standpunkte durch eine faire Bearbeitung der Positionen im Hinblick auf einen Konsens ist dringend
erforderlich, um nicht in dieser Phase zu verharren.

Damit kommen wir zur *Phase der Regelung des Gruppenlebens* als der
nächsten, der dritten Phase. Die gemeinsamen Ziele werden definiert,
Handlungsaktivitäten werden bestimmt. Hierbei entstehen auch Gruppen-
normen, die für spätere Arbeitsprozesse Bedeutung hinsichtlich der Rollen
der Mitglieder und der erfolgreich praktizierten Verfahrensweisen haben.
Auf dieser Grundlage kann jetzt in Phase 4 erfolgreich bei den ausgewähl-
ten Themen und Aufgaben zusammengearbeitet werden. Diese Phase
nennt sich daher *Phase der Zusammenarbeit*. Ergänzend muss dazu die
Phase des Abschieds und der Auflösung der Gruppe genannt werden.

Solche Phasenmodelle können nur idealtypisch gedacht werden. Sie haben aber für die Alltagspraxis bei der Arbeit mit Gruppen ihren Orientie-

rungswert. Im Hinblick auf die Zusammenarbeit mit Elterngruppen in der Grundschule lassen sich in verkürzter Form zumindest drei Phasen der Entwicklung unterscheiden.

Phase 1: Aufbau der Beziehungen

- Vorstellung und Kennenlernen
- Auseinandersetzung mit den eigenen Schulerfahrungen und neuen, das eigene Kind betreffenden Gegebenheiten
- Vertrautwerden mit den durch Mitwirkungsregelungen vorgesehenen Formen und inhaltlichen Schwerpunkten der Zusammenarbeit
- Erstellen eines Katalogs von Themen für die gemeinsamen Aufgaben und die zu bearbeitenden Themen usw.

Phase 2: Praktizierte Zusammenarbeit

- Sachbezogene Arbeit mit Elterngruppen in der Form von Mitwirkungsgremien (z.B. Klassenpflegschaft, Schulpflegschaft, Schulkonferenz) und auch in freien, offenen Formen
- Erfahrungsaustausch und Information z.B. zu den Themen: Lebensgewohnheiten von Kindern/Jugendlichen, Gesundheitsfragen, Suchtprävention, familiengerechte Freizeitangebote, Inanspruchnahme von Behörden und außerschulischen Institutionen
- Arbeit an Themen, die die Erziehungs- und Bildungsarbeit betreffen: Auswahl von Zielen und Inhalten, Gestaltung des Unterrichts, Lernmittel, Lernkontrollen und Leistungsbewertungen sowie Prüfungen, Hausaufgaben, Bewältigung von Erziehungsschwierigkeiten, Beratung in der Schule, Einzelgespräche, Hausbesuche, Mitwirkung am Schulprogramm usw.

Phase 3: Ablösung, Trennung

- Gemeinsame Vorbereitung der Abschlussfeier
- Information und Beratung zum Übergang der Schüler in andere Schulformen
- Aufmerksam machen auf außerschulische Angebote im sozialen Umfeld (z.B.: Elternabende, Elternwochenende bei anderen Institutionen, Erziehungsberatungsstellen, evtl. Selbsthilfegruppen)
- Hinweise auf Möglichkeiten des Wiedersehens, z.B. bei Schulfesten oder anderen schulischen Veranstaltungen usw.

Schwerpunktthemen der Zusammenarbeit

Die Inhalte der Zusammenarbeit mit Eltern lassen sich nach den Aspekten *zielgruppenbezogen, problemorientiert* und *gemeinwesenorientiert* ordnen. Zwischen den drei Aspekten gibt es unmittelbare Zusammenhänge, auch aus erwachsenendidaktischer Sicht.

Beispiele zu Zielgruppenbezug

- Angebote für alleinerziehende Mütter oder Väter wie „Vätertreff", „Mütterstammtisch";
- Angebote nur für ausländische Mütter und Väter;
- Eltern, Lehrer und Kinder einer Schulklasse backen gemeinsam, unternehmen gemeinsam etwas;
- Familienwochenende mit gemeinsamen Aktivitäten, aber auch getrennt nur für die Kinder und nur für die Eltern;
- Mobilisierung der Erziehungs- und Bildungskräfte durch z.B. Elternseminare. Hierbei ist zu sehen, dass die allgemeine Förderung der Erziehungsleistung (Beratung, Familienfreizeiten...) nach § 16 des Kinder- und Jugendhilfegesetzes (KJHG, SGB VIII) vor allem eine Angelegenheit von freien und öffentlichen Trägern der Jugendhilfe darstellt.

Beispiele zu Problemorientierung

- Anfangsunterricht in der Grundschule;
- was an neuem Unterricht und neuen Anforderungen auf die Kinder zukommt;
- erstes Schuljahr in einer neuen Schulform;
- die weiterführenden Schulen und ihre Anforderungen;
- Hausaufgaben;
- Leistungsanforderungen und Leistungsbeurteilungen, Tests;
- Umgang mit Ängsten, mit Aggressionen, Konflikten;
- Suchtprävention und Gesundheitserziehung;
- Gestaltung von Räumen innerhalb und außerhalb des Schulhauses als Lern- und Lebensräume;
- Arbeit am Schulprofil und dem Schulprogramm u.a.m.

Beispiele zu Gemeinwesenorientierung

- Kennenlernen der Wohn- und Lebenswelten der Kinder;
- Erkundungen in der Arbeits-, Wirtschafts- und Sozialwelt;
- Hereinholen von Fachleuten aus der Berufswelt des Stadtteils in die Schule;
- Kennenlernen der Stadtverwaltung und von Bürgereinrichtungen;
- Diskussion mit Stadtvertretern über aktuelle Vorhaben im Stadtteil der Schule;
- Einrichten von Arbeitsgemeinschaften und Kinder- und Jugendtreffs in Kooperation mit der Jugendhilfe;
- Zusammenarbeit mit anderen Schulen sowie Einrichtungen der Jugendhilfe, der Beratungsdienste, von Kultur und Sport;
- Schulfest als Stadtteilfest;
- Mitwirken der Schule an kulturellen Veranstaltungen des Gemeinwesens;
- Überarbeiten des Schulprogramms im Sinne einer Öffnung der Schule in das nähere und weitere soziokulturelle, soziale und ökonomische Umfeld u.a.m.

2 Praxisfelder und -beispiele der Zusammenarbeit

Checkliste zur Vorbereitung von Elternabenden
Ziele, Inhalte

- Was soll zu welchem Zweck besprochen werden?
- Geht es darum, Lösungsvorschläge zu erarbeiten, Entscheidungen vorzubereiten, Entscheidungen zu treffen?
- Müssen noch klärende Gespräche mit Elternvertretern geführt werden? Ist evtl. eine differenzierte Vorbereitung in einem Team (Pädagoge und Eltern) erforderlich und erleichtert dies die Arbeit mit der Gesamtgruppe?
- Muss das Thema eingegrenzt werden, da es sonst innerhalb des verfügbaren Zeitrahmens nicht gründlich genug bearbeitet werden kann?
- Was muss noch an ergänzenden Informationen eingeholt werden?
- Wie aktuell ist das Thema überhaupt für die Eltern? Wie kann es motivierend aufbereitet werden?
- Ergibt sich aus der spezifischen Struktur des Inhalts eine bestimmte Abfolge der Bearbeitungsschritte?
- Welche Schwierigkeiten bereitet die Beschäftigung mit diesem Thema voraussichtlich den Eltern? – Wie könnten ggf. die Schwierigkeiten durch Reduktion und Veranschaulichung gemindert werden?
- Was sollte zur Vorbereitung der Teilnehmer auf den Abend geleistet werden, damit kein Zeitverlust entsteht?
- Sollten Textausschnitte als Beilagen zur Information der Eltern vorgesehen werden?
- Sollen am betreffenden Elternabend weitere Tagesordnungspunkte besprochen werden?
- ...

Planen der Durchführung

- Ist der Termin geklärt?
- In welcher Abfolge sollen die Tagesordnungspunkte aufgeführt und bearbeitet werden?

- Welche Methoden könnten unter Sach- und Beziehungsaspekten besonders hilfreich sein und welche sollten mit Blick auf die Adressaten eingesetzt werden?
- Wie viel Zeit wird für die einzelnen Tagesordnungspunkte voraussichtlich benötigt und wie lange wird der Elternabend dauern?
- Muss eine Pause zwischendurch vorgesehen werden?
- Welcher Tagungsraum steht zur Verfügung? Muss er noch einladend hergerichtet werden? – Wie ist er ausgestattet (Größe, Anzahl und Anordnung der Tische und Stühle, Licht, technische Hilfsmittel: Tafel, Tageslichtschreiber, Materialien und Medien)?
- Werden Nebenräume für Gruppenarbeiten benötigt? Sind diese dem Zweck entsprechend ausgestattet?
- Sind Störungen von außen zu erwarten?
- Wie könnte die Einladung zum Elternabend ansprechend und gut verständlich formuliert werden? – Enthält sie folgende wichtige Punkte: Datum, Beginn und (geplantes) Ende; Ort und Raum; Tagesordnung; Namen der verantwortlichen Lehrkraft (und ggf. des gewählten Elternvertreters); Informationen über Anfahrtweg, Parkplätze?
- ...

Verlauf

- Wie kann zu Beginn für eine freundliche und motivierende Atmosphäre gesorgt werden?
- Wie können die Ziele und die geplanten Besprechungsthemen gut verständlich mitgeteilt und erläutert werden?
- Wie kann das gedachte Vorgehen (ggf. unter Einführung von „Spielregeln") abgestimmt und einvernehmlich geregelt werden?
- Wer führt Protokoll?
- Was kann getan werden, damit möglichst viele Eltern zu Wort kommen?
- Wie kann die Balance zwischen dem sog. Ich, dem Wir und der Arbeit am Thema hergestellt werden?
- Gelingt ein akzeptierendes Verhalten des Gesprächsleiters gegenüber den Eltern, was kann dabei besonders hilfreich sein?
- Wie können Meinungsunterschiede und Konflikte fair ausgetragen und konstruktiv gelöst werden?
- ...

Ergebnis (Auswertung)

● Brachte der Elternabend eine Vertiefung der Beziehungen von Erziehungsberechtigten untereinander und der Lehrkraft?
● Gab es im Hinblick auf die Fortsetzung der Kooperation mutmachende Gesprächsergebnisse und klare Absprachen?
● Wie sah die Qualität der themenbezogenen Ergebnisse aus?
● Wurde geklärt, wer für die Umsetzung von getroffenen Entscheidungen verantwortlich ist?
● Wurden Termine zur Überprüfung übernommener Aufgaben verabredet?
● Wurden Datum, Uhrzeit und Ort für den nächsten Elternabend und dessen inhaltliche Schwerpunktsetzung festgelegt?
● ...

Der erste Elternabend

Das Thema „Beginn der Schule" hat für die Eltern wie für die zukünftigen Schulkinder hohen emotionalen Wert. Beide sind aufgeregt und nervös. Väter und Mütter vor allem dann, wenn sie ihr erstes Kind in die Schule bringen. Manchmal bewirken solche Gefühle bei den Eltern Ängste im Sinne von: Kommt unser Kind in der Schule zurecht? Ist es konzentriert bei der Sache? Verträgt es sich mit den anderen Kindern? Weiß die Lehrerin bzw. der Lehrer unser Kind richtig zu nehmen? Einige wenige Eltern wirken bei der ersten Begegnung mit der Schulleitung oder einer Lehrkraft angespannt und distanziert, abweisend. Oft rührt das her von zurückliegenden negativen Erfahrungen in der eigenen Schulzeit. Ihre Meinung von der Schule geht eher in die Richtung: „Lehrerin und Lehrer meinen zwar, dass sie was Besonderes sind. Sie sind es aber nicht! Wir werden ihnen auf die Finger sehen, dass sie alles richtig machen. Mitarbeit und Mitwirkung von uns Eltern in der Schule sind gute Kontrollmöglichkeiten".

Ausländische Eltern kennen die deutsche Grundschule und das deutsche Bildungssystem oft nur unzureichend,hier müssen ggf. Informationsdefizite und Missverständnisse abgebaut werden. Zudem müssen sie die fremden Wertvorstellungen und Familienstrukturen erst kennen lernen, um zu einer positiven Zusammenarbeit zu kommen.

Schulfähigkeit

Manchmal fragen Eltern schon vor der Einschulung, ob ihr Kind schulreif ist. Der Begriff Schulreife, der früher an Stelle von Schulfähigkeit verwandt wurde, wird heute nicht mehr benutzt. *Schulfähigkeit* bezeichnet einen momentanen Entwicklungsstand. Dieser stellt nicht allein das Ergebnis eines vom Organismus gesteuerten, biologischen Prozesses dar, sondern hängt auch maßgeblich von vorausgegangenen Lernerfahrungen im Elternhaus, in der Gleichaltrigengruppe und im Kindergarten ab. Mit Schulfähigkeit wird deutlich zum Ausdruck gebracht, dass hier Fähigkeiten des Kindes gemeint sind, die es in die Schule mitbringen sollte. Schulfähigkeit zeigt sich im Zusammenspiel von persönlichen Voraussetzungen des Kindes und den Anforderungen der Grundschule.

Die nachfolgenden Fragen stellen Orientierungshilfen zur Beurteilung von Schulfähigkeit dar.

Zur körperlichen Schulfähigkeit kann z.B. gefragt werden:

● Wie ist der allgemeine Gesundheitszustand?
● Hat sich der sog. Gestaltwandel, d.h. die erste Streckung, vollzogen?
● Hat ein Zahnwechsel bereits eingesetzt?
● Wie wird die körperliche Belastbarkeit angesichts des planmäßigen Lernens in der Grundschule eingeschätzt?

Die körperliche Schulfähigkeit wird zumeist mit Hilfe medizinischer Erhebungsbögen ermittelt, die von den Eltern ausgefüllt werden und die die Grundlagen für die nachfolgende schulärztliche Untersuchung darstellen.

Hinsichtlich der geistig-seelischen Schulfähigkeit wird z.B. gefragt:

● Kann sich das Kind über eine bestimmte Zeit konzentriert einer Sache oder einem Spiel widmen?
● Ist es fähig zu einfachen Gedächtnisleistungen?
● Kann es sich altersangemessen sprachlich ausdrücken?
● Zeigt es bereits eine mehr sachliche Einstellung zur Umwelt?
● Versteht es die Bedeutung einzelner Symbole?
● Ist es altersangemessen selbstständig?

Für die Feststellung der geistig-seelischen Schulfähigkeit stehen evtl. verschiedene Tests zur Verfügung.

Fragen zur sozialen Schulfähigkeit können lauten:

● Kann sich das Kind in eine Gruppe einfügen?
● Findet es leicht Kontakt oder verhält es sich ängstlich und sehr zurückhaltend?
● Kann es Kritik ertragen?

● Ist es in der Lage, seine Gefühle und momentanen Bedürfnisse einigermaßen zu kontrollieren?

● Hat es sich von einer sehr engen Elternbindung hinreichend gelöst?

Die soziale Schulfähigkeit kann mit Hilfe bestimmter Fragebögen erfasst werden, die von den Erziehungsberechtigten ausgefüllt werden. Außerdem werden die Kinder als Schulanfänger im ersten Schuljahr durch die Klassenlehrerin bzw. den Klassenlehrer und die Schulleitung beobachtet.

Es zeigt sich, dass sich vertrauensvolle Kooperation in den seltensten Fällen von allein ergibt. Vielmehr muss, das wurde bereits schon gesagt, die Lehrkraft im wohl verstandenen Sinne offensiv werden und sich um eine von Vertrauen und gegenseitiger Wertschätzung getragene Zusammenarbeit bemühen.

Wie dieser Anfangsprozess von der ersten Kontaktaufnahme bis zur ersten Klassenpflegschaftssitzung verlaufen kann, soll nachfolgend im Überblick und exemplarisch dargestellt werden. Die praktizierten Formen der Kooperation mit den Eltern orientieren sich an den Erfahrungen einer Grundschule in einer Kleinstadt mit rund 300 Kindern.

Übersicht

1. Herbst bis Jahresbeginn	Anmeldung der Schulanfänger und Versammlung aller Erstklässler mit ihren Eltern
2. Ende Mai	Informationsabend für die Erziehungsberechtigten in der Schule
3. Im Juni	Die zukünftige Klassenlehrerin besucht ihr zukünftiges Schulkind im Kindergarten
4. Im Juni	Die Erzieherin besucht mit ihren „Schulkindern" die Grundschule und nimmt mit ihnen am Unterricht eines ersten Schuljahres teil
5. Erster Schultag	Feierliche Aufnahme in die Schule
6. Erste Schulwoche	Erste Klassenpflegschaftssitzung

Anmeldung der Schulanfänger, Versammlung aller Erstklässler mit ihren Eltern

„Da mach` ich was draus !" – Ein Interview mit Schulleiter E. Zimmer

Schulleiter: Von der Stadtverwaltung bekomme ich alle Namen der Lernanfänger. Jetzt müssen die Eltern ihr Kind aber noch persönlich bei der Schule anmelden. Ich lade sie hierzu schriftlich mit ihrem Kind ein. In diesem Jahr bildete ich aus den 100 mir mitgeteilten Kindern drei Gruppen. Jede Gruppe bekam am Nachmittag eine Zeitstunde.

Frage: Was wurde nun konkret gemacht?

Schulleiter: Ich sagte Ihnen ja: „Da mach' ich was draus !" Gruppe 1, bestehend aus Eltern und Kindern, versammelte sich im Foyer vor dem Erstklassentrakt der Schule. Für die Kinder war ein Stuhlkreis vorbereitet, die Eltern standen um den Kreis herum. Ich reihte mich auch ein und begrüßte alle. Dann ging es mir vor allem um die Kinder. Ihnen wollte ich ein wenig von der Angst und Beklemmung durch die völlig neue Situation nehmen.

Frage: Machten denn alle Kinder einen ängstlichen Eindruck?

Schulleiter: Ja, die meisten. Darüber wundern sich sogar manche Eltern. Ich werfe z.B. nun die mit Großbuchstaben geschriebenen Namensschilder der Kinder in den Kreis und behaupte: Ihr könnt alle schon lesen ! Sucht bitte euren Namen.

Frage: Gab das denn nicht mit 30 Kindern ein großes Durcheinander?

Schulleiter: Doch. Aber ist das schlimm? Ich kann nämlich jetzt sofort loswerden, dass das so nicht geht und sage: Ja, dann müssen wir erst zählen lassen, damit wir hier Ordnung hereinbekommen. Bitte zählt mit, dass immer nur fünf Kinder in die Mitte kommen.

Frage: Was machen die Kinder mit den gefundenen Namensschildern?

Schulleiter: Sie bringen sie einer Lehrerin. Ich habe vergessen, dass auch einige Kolleginnen und Kollegen außer mir dabei sind. Es sind diejenigen, die ein erstes Schuljahr übernehmen werden. Die Lehrerin heftet die Schilder auf ein großes Plakat mit den Umrissen der Schule.

Frage: Ist das schon eine vorweggenommene Klasseneinteilung?

Schulleiter: Nein. Auf keinen Fall. So weit sind wir noch nicht.

Frage: Was machen Sie noch mit den Kindern?

Schulleiter: Ich arbeite auch schon etwas „mathematisch" mit ihnen. Große, farbige Bausteine lege ich in zwei unterschiedlichen Mengen in den Kreis. Dann frage ich: Wo sind mehr? Ordnen, Zählen und Zuordnen sind dann frei gewählte Aktivitäten der Kinder, die sie zum Ergebnis führen. Gleiche Veränderungen der beiden Mengen erzeugen eine neue Situation, die von vielen Kindern sofort durchschaut wird.

Frage: Wie lange sind sie selbst im Kreis aktiv?

Schulleiter: Etwa 20 Minuten. Dann kommt das vierte Schuljahr. Es singt mit den Kindern Spiellieder und bezieht sie aktiv mit ein.

Frage: Wie endet dieser erste Schulkontakt?

Schulleiter: Nach dem Singen richte ich noch ein kurzes Wort an die Eltern. Ich bringe z.B. zum Ausdruck: Sie geben ihre Kinder nicht an die Schule ab, denn sie behalten die Verantwortung für die Erziehung ihres Kindes. Die schulische Erziehung hat jetzt nicht den Vorrang vor ihrer Erziehung. Wir müssen vielmehr zusammenarbeiten. Der Schule geht es vor allem darum, dass sich die Kinder wohl fühlen. Dann sind sie aufgeschlossen für das Lernen. Lernen heißt aber nicht nur systematisch Erkenntnisse gewinnen, sondern heißt, sich als Person in der Ganzheit und mit allen Anlagen zu entwickeln. Und das gelingt nur dann gut, wenn beide Erziehungspartner gut zusammenarbeiten. Ich werbe also um diese Zusammenarbeit!

Frage: Es muss doch noch die formale schriftliche Anmeldung folgen oder nicht?

Schulleiter: Doch natürlich. Die beginnt jetzt gleich nach der Verabschiedung durch mich. Die Eltern gehen nach und nach zum Sekretariat, füllen ein Formblatt bei der Sekretärin aus und legen den Geburtsschein vor. Eine Kollegin hilft noch hierbei.

Frage: Wie ist das mit den beiden anderen Gruppen gewesen?

Schulleiter: Die kamen jetzt dran. Das Programm verlief fast gleich. Halt, bei der zweiten Gruppe brachte ich im Rahmen der Begrüßung ein, dass der Franz als zukünftiger Erstklässler mir auf der Straße gesagt hatte, das erste Schuljahr wäre für ihn überflüssig. Er könnte schon ein paar Sätze lesen....

Informationsabend vor Schulbeginn

Alle Erziehungsberechtigten werden hierzu schriftlich eingeladen. Der Abend gliedert sich in zwei Teile. Der erste und allgemeine Teil wird maßgeblich vom Schulleiter bestritten und dauert etwa 20 Minuten. Es geht darum, die leitenden Ziele pädagogischer Arbeit in der Grundschule zu verdeutlichen. Dabei spielt der Gedanke der ermutigenden Erziehung in dem für die Kinder neuen Lebens-, Lern- und Arbeitsraum mit Unterricht und Schulleben eine zentrale Rolle.

Den zweiten und spezifischen Teil des Abends übernehmen dann die für die Leitung der Klassen vorgesehenen Lehrkräfte. Die Gruppen der Eltern gliedern sich nach der Zugehörigkeit ihrer Kinder zur bestimmten Klasse. In den Klassenräumen stellen sich die Eltern kurz vor. Danach werden folgende Themen besprochen:

● der Ablauf des demnächst folgenden ersten Schultages und der ersten Schulwochen
● der sichere Schulweg
● Schulbücher und Arbeitsmittel
● Geld für bestimmte Arbeitsmittel, Kopiergeld, Kakaogeld
● Terminfestlegung für die erste Klassenpflegschaftssitzung

Die Erziehungsberechtigten erhalten:

● ein Einladungsschreiben an ihr Kind zum ersten Schultag
● das Programm des ersten Schultages
● ein Infoblatt über die benötigten Materialien für den Unterricht
● eine Mitteilung über die alltäglichen Organisationsfragen (z.B. Krankmeldungen, Unterrichtsvertretung u. a.)
● Hinweise auf die beweglichen Ferientage
● den Schulwegplan

Erster Schultag. Feierliche Aufnahme in die Schule

Alle Kinder erhielten von ihrer Klassenlehrerin über die Eltern eine persönliche Einladung. Sie wurde bereits am Informationsabend übergeben. Der erste Schultag an der Grundschule lief im letzten Jahr folgendermaßen ab:

● Gottesdienst für Kinder, Eltern, Lehrkräfte sowie die Erzieherinnen, die die Kindergartenkinder jetzt an die Grundschule abgeben. Der Gottesdienst beginnt um 9 Uhr in der Pfarrkirche. Wer nicht teilnimmt, findet sich um 9.30 Uhr auf dem Schulhof ein. – Segnung der Kinder in der Kirche.
● Empfang der neuen Schülerinnen und Schüler mit ihren Eltern auf dem Schulhof. Begrüßung durch den Schulleiter. Die Kinder der dritten Schul-

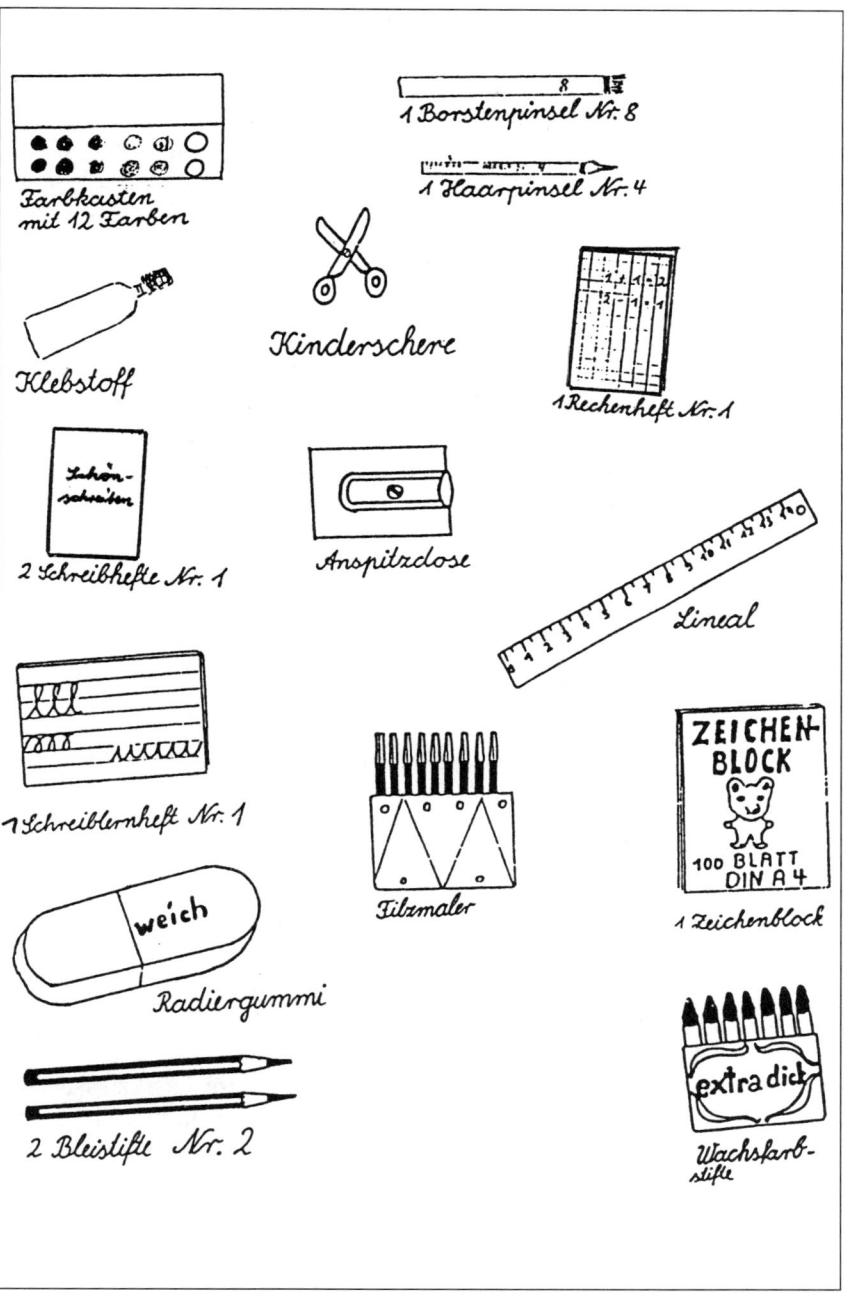

Farbkasten mit 12 Farben

1 Borstenpinsel Nr. 8

1 Haarpinsel Nr. 4

Klebstoff

Kinderschere

1 Rechenheft Nr. 1

2 Schreibhefte Nr. 1

Anspitzdose

Lineal

1 Schreiblernheft Nr. 1

Filzmaler

ZEICHEN-BLOCK
100 BLATT
DIN A 4

1 Zeichenblock

weich

Radiergummi

2 Bleistifte Nr. 2

extra dick

Wachsfarb-stifte

jahre singen ihre Grüße an die Erstklässler. Die Erzieherinnen (und Kinder aus dem Kindergarten) sind dabei, um Abschied von ihren Kindern zu nehmen.

- Die neuen Schülerinnen und Schüler gehen zum ersten Mal mit ihren Lehrkräften in die Klassenzimmer und haben hier ihre erste Unterrichtsstunde. Hier machen sie erste Übungen zum Lesen, Schreiben und Rechnen. Eine kleine Hausaufgabe kommt dazu. Sie erhalten den Stundenplan und ihre Schulbücher. Die Fahrschüler bekommen ihre Fahrkarten und den Fahrplan.
- Während die Kinder ihren ersten Unterricht erleben, sitzen die Eltern auf Einladung der Erziehungsberechtigten der zweiten Schuljahre bei Kaffee und Kuchen zusammen. Hier entwickeln sich zwanglos Gespräche über die neue Situation und wie man damit fertig wird, über das Klima der Schule, Lernanforderungen, Mitwirkung und Mitarbeit der Eltern in der Schule u.a.m. Der Schulleiter ist als Gast anwesend und steht ggf. für Rückfragen zur Verfügung.
- Der erste Schultag endet gegen 11.15 Uhr.

Erste Klassenpflegschaft – Hinweise und Tipps

Eine freundliche schriftliche Einladung sollte es möglichst sein. Hier ein Beispiel (s. folgende Seite)

Für die meisten Eltern ist es beschwerlich, einen Abend lang auf den kleinen Kinderstühlchen zu verbringen. Es bietet sich daher nach der Stippvisite im Klassenraum des ersten Schuljahres an, einen Versammlungsraum der Schule zu benutzen. Sie sollten die Tische und Stühle so arrangieren, dass auch in Gruppen diskutiert und gearbeitet werden kann. Allerdings sollte auch ohne große Anstrengung die Projektionsfläche für den Tageslichtschreiber sowie ggf. die Tafel gesehen werden können. Was brauchen Sie an Utensilien? Sie sollten bereitstellen: die entsprechende Zahl an Faserschreibern pro Gruppe der Eltern und Kartonstreifen (Größe etwa: 30x20 cm), die als Namenskarten beschriftet werden. Ferner brauchen Sie einige Karten (Größe 20x10 cm, etwa 4 pro Person) für das Erfassen von Wünschen und Themen. Sie benötigen auch Klebestreifen, um die Karten an der Tafel befestigen zu können. Für die geheime Wahl sind noch Stimmzettel in entsprechender Anzahl bereitzuhalten. Farbige Klebepunkte für das Markieren von Prioritäten sollten Sie auch dabei haben.
Vielleicht lässt sich auch etwas Mineralwasser besorgen? Per Umlage erhalten Sie die Unkosten sehr schnell zurückerstattet.

Einladung zur ersten Klassenpflegschaftssitzung

Absender

Annegret Wehrfeld   M..... den 2.8.00
Klassenlehrerin
Grundschule St. Johannes

(Text u.U. zweisprachig abfassen)

Einladung

Sehr geehrte Mütter und Väter der Kinder aus der Klasse 1a,

Termin, Ort
(Fernsehprogramm, örtlich wichtige Termine beachten!)

hiermit lade ich Sie herzlich zum ersten Elternabend ein.

Wir treffen uns am **Dienstag, dem 10.8.00 um 19.30 Uhr** im Klassenraum Nr. 4 der Grundschule.

Anliegen, vorgeschlagener Verlauf

Als Klassenlehrerin geht es mir zunächst darum, dass wir uns gegenseitig kennen lernen. Auch sollten wir darüber sprechen, welche Wünsche Sie an die Schule und die gemeinsame Arbeit haben. Über die Themen, die wir an den Elternabenden im Laufe des Schuljahres besprechen sollten, wollen wir uns verständigen.

Ich möchte Sie auch kurz über Ihre Mitwirkungsmöglichkeiten und Mitwirkungsrechte in der Schule informieren. Wir werden dann die vom Gesetz vorgeschriebenen Wahlen durchführen.

Ende
(Eine schriftliche Information über das SchMG als Beilage kann den Elternabend stark entlasten. Auf eine solche Beilage muss schriftlich hingewiesen werden.)

Der Elternabend soll möglichst nicht länger als 2 Stunden dauern.

Würden Sie bitte den unteren Abschnitt ausfüllen und Ihrem Sohn/Ihrer Tochter _____ wieder mitgeben? So weiß ich, mit wie vielen Eltern ich rechnen kann, um den Raum entsprechend vorbereiten zu können.

Mit freundlichen Grüßen

Ihre A. Wehrfeld

Rückmeldung

Am Elternabend nehme

ich teil _____   Unterschrift:
ich nicht teil _____

● **Tagesordnung**

Die Tagesordnung geht aus dem Einladungsschreiben hervor und umfasst die Punkte:

Begrüßung – Kennenlernen – Wünsche zur gemeinsamen Arbeit – Festlegen von Themen der Zusammenarbeit – Information über die Mitwirkungsrechte in der Schule – Wahl der Klassenpflegschaft und der Kandidaten für die Fachkonferenzen und die Schulkonferenz – Verschiedenes

● **Begrüßung**

Sie sollten mindestens 15 Minuten vorher im Versammlungsraum oder in dessen Nähe sein, um diejenigen, die mit öffentlichen Verkehrsmitteln anreisen, schon in Empfang nehmen zu können. Manche kommen auch deshalb so früh, weil sie gerne noch mit Ihnen etwas Persönliches, das ihr Kind betrifft, besprechen möchten. Lassen Sie durch freundliches Auftreten die Eltern spüren, dass Sie sie erwarten und die Zusammenarbeit mit ihnen als eine positive und wichtige Aufgabe ansehen. Bitte keine aufgesetzte, übertriebene Freundlichkeit. Erinnern Sie sich an das, was vorher im Kapitel „Einstellungen..." im Sinne von ROGERS und SCHULZ von THUN gesagt wurde.

Die Begrüßung aller Anwesenden sollte nur kurz ausfallen. Das Thema „Meine Unterrichtsziele und Vorhaben" hier ausführlich darzustellen, ist noch etwas verfrüht. Den Müttern und Vätern ein paar Ihrer pädagogischen Leitgedanken, die Sie für die Anfangsphase im ersten Schuljahr für wichtig halten, mitzuteilen, wäre allerdings sinnvoll.

● **Kennenlernen**

Da sich zumeist nur wenige Eltern genauer kennen und es gut ist, die für alle fremde Situation etwas aufzulockern, sollten Sie eine Möglichkeit zum Kennenlernen vorschlagen. Wenn die Eltern in Tischgruppen sitzen, hat sich eine bestimmte Vorstellungsrunde in diesem kleinen Kreis der Gruppe bewährt. Und zwar kann sich jeder reihum vorstellen, seinen Namen und den seines Kindes, vielleicht auch seine berufliche Tätigkeit nennen. Als Zeit reichen fünf Minuten pro Interview. Möglich wäre aber auch, in den Gruppen Zweierinterviews durchzuführen. Erst fragt der eine, dann ist der andere an der Reihe. Um aber auch inhaltlich, d.h. hinsichtlich der zu besprechenden Themen, weiterzukommen, sollten Sie in die Vorstellungsrunde als letzte Fragen mit aufnehmen: Welche Wünsche habe ich an die Zusammenarbeit mit der Schule? Welche Themen möchte ich gerne zusammen mit den anderen Eltern im Verlauf der nächsten Pflegschaftssitzungen besprechen?

● Wünsche zur gemeinsamen Arbeit und Festlegen der Themen

Lassen Sie bitte auf Karten (etwa 20x10 cm groß) die Wünsche und Themen notieren. Wer es nicht tun möchte – gleich aus welchen Gründen –, der ist nicht dazu verpflichtet! Ein groß geschriebenes Stichwort genügt. Um die Anzahl einzuschränken, geht die Bitte an alle, nur zwei solcher Wünsche und zwei Themen aufzuschreiben. Am Ende bringen die Mütter und Väter ihre Karten zur Tafel und heften sie hier mit bereitstehenden Klebestreifen an die Fläche. Wenn das alle gemacht haben, sortieren Sie gemeinsam mit den Eltern die Wünsche und – getrennt davon – die Themen. Sie bilden in Absprache mit den Eltern inhaltliche Gruppen der Wünsche und Themen. Mehrfach genannte Wünsche und Themen zeigen das besondere Interesse gerade an diesen. Wenn es dann schwierig wird, im Gespräch Schwerpunktthemen für die nächsten Sitzungen im Schuljahr festzulegen, sollten Sie folgende Methode wählen: Jedes Elternpaar bzw. die einzeln erschienene Mutter oder der allein gekommene Vater erhält sechs rote Klebepunkte und kann sie nach der eingeschätzten Bedeutung der Wünsche und Themen auf die jeweiligen Karten an der Tafel kleben. So ergibt sich meistens sehr schnell ein eindeutiges Bild, das optisch sichtbar für alle Prioritäten kennzeichnet.

Sie werden fragen: Wo bleibe ich denn mit meinen Wünschen und Themenvorschlägen? Diese sollten Sie jetzt auf separaten Karten mit entsprechendem Kommentar auch an die Tafel kleben. Nun setzen Sie Ihr ganzes „diplomatisches Geschick" ein, um das „Wunschprogramm" für die nächsten Elternabende bekannt zu geben. (Beispiele s.folgende Seite)

● Information über die Mitwirkungsrechte

Sie sollten sich hier kurz fassen. Das lässt sich damit rechtfertigen, dass Sie allen Erziehungsberechtigten einen Auszug aus den Mitwirkungsbestimmungen zur Verfügung stellen. Es reicht, wenn Sie das maßgebliche Ziel der Zusammenarbeit und den vom Gesetzgeber vorgesehenen Aufgabenkatalog des Elterngremiums auf der untersten Ebene der Mitwirkung in der Schule ansprechen.

● Wahl der Vorsitzenden der Elternschaft

Die Eltern haben sich vorher in den Gruppen ein wenig kennen gelernt. Vielleicht hat sich hierbei eine Mutter oder ein Vater schon recht deutlich als mögliche Kandidatin bzw. Kandidat hervorgetan? So kann die peinliche Situation vermieden werden, dass kein Vorschlag gemacht wird oder ein Anwesender zur Kandidatur gedrängt wird, „denn jemand muss es ja tun"!

Beispiele

Wünsche der Eltern	Themenvorschläge der Eltern
● nicht zu viele Hausaufgaben, die aber überprüfen ● wir sollten uns alle untereinander besser kennen lernen ● dass mein Kind keine Angst haben muss ● gemeinsamer Ausflug mit Würstchen grillen ● feste Sprechzeiten bekannt geben ● rechtzeitige Nachricht bei Unterrichtsausfall ● gemeinsames Basteln vor Weihnachten ● Elterntreff auch mal samstagvormittags wegen berufstätiger Väter ● Elternstammtisch ● ...	● Was die Kinder im ersten Schuljahr alles lernen sollen ● Anforderungen an die Kinder im Lesen, Schreiben, Rechnen ● Mein Kind kann sich schlecht konzentrieren, was kann man da tun? ● Was an Mithilfe und Mitwirkung in der Schule von uns Eltern erwartet wird ● Wie wir unser Kind zu Hause unterstützen sollen

Wünsche der Lehrerin	Themenvorschläge der Lehrerin
● vertrauensvolle Kontakte ● guter Besuch der Elternabende und sonstigen schulischen Veranstaltungen ● Hilfe bei der Ausgestaltung des Klassenraumes ● Helferinnen in der Spielpause und beim Vorlesen ● auch ich habe Mittagspause! (von 13.15 – 15.00 Uhr)	● Orientierungen und Absprachen in der Erziehung ● Meine Ziele und Pläne im ersten Schuljahr ● Das erste gemeinsame Klassenfest ● Unterrichtsbesuche durch die Eltern

Als Lehrkraft sollten Sie möglichst selbst keinen Vorschlag machen. Sie können so den Eindruck vermeiden, als ob Sie nur mit dieser Person gut zusammenarbeiten könnten. Nicht gut ist, wenn nur juristisch oder pädagogisch ausgewiesene Eltern für kompetent zur Übernahme dieser Aufgabe gehalten werden. Die Bereitschaft zur Mitarbeit aller kann dann evtl. eingeschränkt werden. Sie sollten verdeutlichen, dass eine Vorsitzende oder ein Vorsitzender die anstehenden Aufgaben in enger Zusammenarbeit mit den Klasseneltern und Ihnen wahrnehmen wird, nicht allein, auf sich gestellt. Sie signalisieren aktive Unterstützung, ernst gemeinte Unterstützung. Es geht ja auch gar nicht anders!

Die von den Eltern gemachten Kandidatenvorschläge schreiben Sie an die Tafel. Dann werden alle Kandidaten einzeln befragt, ob sie im Falle ihrer Wahl das Amt annehmen. Die Wahl erfolgt nun mit Stimmzetteln, die Sie austeilen. Jedes Elternpaar hat nur eine Stimme. Auf diesen Stimmzetteln darf nur der Name eines Kandidaten stehen. Der oder die Stellvertreter werden in einem separaten Wahlgang ermittelt. Die Stimmzettel sammeln Sie unter Mithilfe eines Vaters oder einer Mutter ein. Sie überprüfen sie zusammen mit diesen zahlenmäßig und auf ihre Gültigkeit. Derjenige, der die meisten gültigen Stimmen erhalten hat, ist gewählt. Die Anzahl der abgegebenen Voten können Sie hinter die Namen der Kandidaten, die an der Tafel stehen, setzen. Bei Stimmengleichheit findet eine Stichwahl statt. Nach jedem Wahlgang muss das Ergebnis bekannt gegeben werden. Anschließend müssen Sie die Gewählten fragen, ob sie die Wahl annehmen.

Nach dieser Wahl können Sie das Amt des Versammlungsleiters auf die gewählten Eltern übertragen. Da der Wahlvorgang meistens mehr Zeit in Anspruch nimmt als Sie denken, werden die Vorsitzenden der Elternschaft kaum noch Gelegenheit haben, an diesem Abend schon den ersten Diskussionspunkt aus der Bildungs- und Erziehungsarbeit dieser Klasse vorzuschlagen und in die Besprechung einzusteigen. Vielleicht wäre das auch eine Überforderung, weil ja diese erste Aufgabe ohne Vorbereitung geleistet werden müsste. Sie sollten daher Ihren Einfluss geltend machen, dass dieser Punkt beim nächsten Elternabend bearbeitet wird. Hierzu wird mit allen Anwesenden ein Termin und der Tagungsort für die nächste Sitzung vereinbart.

Verschiedenes

Ein solcher Punkt, der für unterschiedliche und kleinere Themen und Anliegen vorgesehen ist, wird zwar an diesem Abend von Ihnen noch kurz erwähnt, aber erfahrungsgemäß bringen die Mütter und Väter hier nichts mehr ein. Deren Anliegen ist meist, dass die Versammlung möglichst rasch zu Ende geht und sie sich auf den Heimweg machen können. Es liegt nun bei Ihnen, sich für die Zusammenarbeit zu bedanken und die Hoffnung anzudeuten, dass sich eine vertrauensvolle Kooperation ergibt, zu der Sie Ihren Beitrag leisten wollen.

Protokoll

Über jede Sitzung eines Mitwirkungsgremiums muss ein Protokoll angefertigt werden. Bei der ersten Klassenpflegschaftssitzung wird es sehr mühsam sein, einen Vertreter der Mütter und Väter für diese Aufgabe zu gewinnen. Es bleibt daher oft nichts anderes übrig, als bei der ersten Sitzung diese Niederschrift selbst, also nach Abschluss des Elternabends, zu übernehmen. Eine solche Niederschrift enthält folgende Punkte:

1. Die Bezeichnung des Mitwirkungsorgans
2. Ort, Beginn und Ende der Sitzung
3. Die Tagesordnung
4. Die Feststellung, ob Zeit, Ort und Tagesordnung der Sitzung den Mitgliedern ordnungsgemäß bekanntgegeben worden sind
5. Die Namen der Anwesenden
6. Die Zahl der Stimmberechtigten
7. Evtl. die Feststellung, ob das Mitwirkungsorgan beschlussfähig ist
8. Die Anträge und gefassten Beschlüsse im Wortlaut
9. Das Stimmenverhältnis bei Abstimmungen
10. Ausdrücklich zur Aufnahme in das Protokoll abgegebene Erklärungen

Protokollführer und Vorsitzender unterzeichnen das Protokoll. Zu Beginn der nächsten Sitzung ist das Protokoll zu genehmigen. Die Genehmigung kann auch schriftlich durch Umlauf eingeholt werden. Gibt es einen Einspruch gegen bestimmte Teile der Niederschrift, so beschließt das Mitwirkungsorgan mit Mehrheit der anwesenden stimmberechtigten Mitglieder über die Berechtigung. Die Niederschriften aller Mitwirkungsorgane werden in einer besonderen Schulakte aufbewahrt und können so auch von allen Eltern, wenn sie es wünschen, eingesehen werden.

Mündliche und schriftliche Kontakte

Eltern erleben ihr Kind in anderen Zusammenhängen und Situationen als die Lehrerinnen und Lehrer. Hier zeigt es sich im Verhalten möglicherweise anders als in der Schule. Im Austausch hierüber gibt es vielleicht Hinweise für das Verhalten im anderen Bereich. Es kann deutlich werden, wo die Eltern ihre Möglichkeiten und Stärken sehen, das Kind zu fördern, wie es mit ihrer Zeit hierfür aussieht. Es kommt zu einem lebendigen Austauschprozess, bei dem beide ihren Erziehungsauftrag, aber auch ihre individuellen Kompetenzen, pädagogischen Möglichkeiten und Zielvorstellungen haben. Manchmal ist es auch sinnvoll, das Kind in das Gespräch mit einzubeziehen. Für alle Kontakte mit den Eltern gelten die vorherigen Hinweise zur Einstellung gegenüber Erziehungsberechtigten. Aus der Kommunikationstheorie ergeben sich weitere Orientierungen.

Der Empfänger einer Information, hier also die Mutter oder der Vater (oder beide) Ihrer Schülerin oder Ihres Schülers, muss die Möglichkeit besitzen, auf die „Nachricht" des Gesprächspartners (möglichst unmittelbar) reagieren zu können, also ein „Feedback" zu geben.

Jeder Gesprächspartner möchte als Person ernstgenommen werden. Gibt daher ein Gesprächsteilnehmer durch einfühlende und aufrichtige Anteilnahme dem anderen zu erkennen, dass er sich bemüht, dessen Probleme und damit zusammenhängende Gefühle zu verstehen, ist der andere meist auch bereit, die Argumente des Sprechenden anzuhören. Sie als Pädagogin oder Pädagoge erschweren allerdings die Gesprächsgrundlage oder zerstören Sie gar, wenn Sie sprachlich und zugleich inhaltlich sehr komplex Ihre Überlegenheit gegenüber den Eltern demonstrieren wollen. Für Sie ist es daher vor Beginn der Zusammenarbeit mit Eltern wichtig, dass Sie sich selbst Klarheit darüber verschaffen, von welchem Menschenbild Sie sich leiten lassen. Sie werden selbst die Erfahrung gemacht haben: Wer einem anderen Menschen mit positiver Erwartungshaltung gegenübertritt, kann am ehesten erwarten, dass dieser auch seinerseits mit einer positiven Einstellung reagiert.

Wenn Sie sich über ein Kind in Ihrer Klasse sehr aufgeregt haben, ist es nicht klug, sofort mit den Eltern Kontakt aufzunehmen und vielleicht sogar vorschnell ein Urteil zu fällen. Sie tun sich selbst und den Eltern als Ihren Kooperationspartnern eher einen Gefallen damit, wenn Sie abwarten, bis Sie Ihre Emotionen wieder kontrollieren können.

Auch in Ihren schriftlichen Informationen an die Eltern, seien es Mitteilungen oder Elternbriefe, gelten die Regeln in vergleichbarer Weise. Sie erwarten, dass die Mütter und Väter auf Ihre Kurzmitteilungen und Briefe zumindest in der Form der Kenntnisnahme mit ihrer Unterschrift reagieren. Wenn Sie den richtigen Ton bei Ihren Formulierungen gefunden haben, geben Eltern ihre Unterschrift leichter und lieber.

Telefongespräche

Kontakte können durch das Telefon angebahnt und im Verlaufe der Zusammenarbeit mit den Eltern gepflegt werden. Schwierige und problematische Sachverhalte lassen sich allerdings besser unter vier Augen besprechen. Telefonisch lassen sich kurzfristige organisatorische Mitteilungen machen oder ein persönliches Gespräch mit den Eltern terminlich vereinbaren.

Der Alltag der Zusammenarbeit mit den Eltern zeigt, dass es meist die Eltern sind, die anrufen. Viele von ihnen haben etwas Angst, mit der Lehrerin oder dem Lehrer per Telefon zu sprechen. Sie sind aufgeregt, sprechen umständlich oder machen lange Sprechpausen. Natürlich gibt es auch Eltern, die sehr um das Wohl ihrer Kinder besorgt sind. Sie rufen Sie zu jeder Zeit an und tragen alle möglichen kleinen und großen Probleme vor, – manchmal zu Zeiten, die Ihnen überhaupt nicht passen. Nicht sinnvoll wäre daher Ihr Angebot am ersten Elternabend: „Ich bin immer für Sie da, wenn es ein Problem mit Ihrem Kind gibt. Rufen Sie mich ruhig an". Besser ist es, an solch einem Elternabend, wenn sie auf Ihre feste Sprechzeit in der Schule verweisen und das Telefonieren für den besonderen, eiligen Fall anbieten.

Wie Sie sich also von den Eltern Zurückhaltung beim Telefonieren wegen geringfügiger Angelegenheiten wünschen, so sollten Sie das auch als Grundsatz für sich selbst beherzigen. Nicht jede Rangelei zwischen den Jungen, nicht jedes freche Wort oder rüpelhafte Verhalten eines Kindes muss der Mutter oder dem Vater des Kindes umgehend mitgeteilt werden. Abgesehen davon, dass Sie „auf die Schnelle" nicht den gesamten Zusammenhang des für Sie ärgerlichen Ereignisses am Telefon erläutern können, wird ein vielleicht ohnehin schwieriges Kind erneut belastet. Manchmal reagieren die Eltern auch „sauer", weil sie davon ausgehen, dass Sie als ausgebildete Lehrkraft das Problem selbst meistern können. Sie wollen nichts davon hören oder setzen ihr Kind stark unter Druck. Ihre Schülerin oder Ihr Schüler wird dadurch u.U. im Unterricht noch schwieriger. Anders sieht es in folgendem Falle aus:

> Die Lehrerin ruft die Eltern von Ulrich an, der die dritte Klasse wiederholt. Sie stellt fest, dass er nach positivem Beginn jetzt im Oktober wieder stark nachlässt. Erneut schreit er Kinder seiner Klasse ohne ersichtlichen Grund an, dass diese erschrecken oder zu weinen anfangen. Erfolgreiches Lernen ist nicht mehr deutlich festzustellen. Es gelingt der Lehrerin im Telefongespräch vom Sekretariat aus, sich mit dem Vater von Ulrich noch für Donnerstag die-

ser Woche auf einen Termin zu verständigen. Um 18 Uhr wollen der Vater, die Lehrerin und – im Einverständnis mit dem Vater – auch der Schulleiter zusammen überlegen, wie es mit Ulrich weitergehen kann. Im Gespräch erklärt der Vater dann, wie wenig Ulrich im Moment von ihm und seiner Frau ansprechbar ist. Seine ältere Schwester habe aber einen „guten Draht" zu ihm. Es wird als vorläufige Maßnahme verabredet, dass die Schwester von Ulrich gebeten werden soll, die Hausarbeiten ihres Bruders täglich zu prüfen. Sie soll ihn stützen, damit er alles vollständig und möglichst auch richtig macht. Sie vereinbaren ferner, dass die Lehrerin zweimal im Monat mit Ulrichs Vater telefoniert, ob sich etwas an der Leistung und am Verhalten von Ulrich gebessert hat.

Ein paar Tipps

1. Fragen Sie sich vor jedem Telefonat mit den Eltern: Ist es berechtigt und sinnvoll oder bringt ein Gespräch unter vier Augen und mit mehr Zeit ein voraussichtlich besseres Ergebnis?
2. Legen Sie alle für das Gespräch notwendigen Informationen und Unterlagen bereit.
3. Bei heiklen Fällen sollten Sie das Telefonat stichwortartig vorbereiten. Sie können sich dann besser auf das eigentliche Ziel Ihres Anrufs konzentrieren und evtl. notwendige Argumente zusammenstellen.
4. Straffen Sie die „Small-talk-Phase" zu Beginn. Sie ist zwar für das Schaffen einer positiven Gesprächsatmosphäre wichtig, sollte sich aber auf einen höflichen Gesprächseinstieg beschränken.
5. Werden Sie angerufen, notieren Sie sich bitte den Namen des Anrufers und den seines Kindes. So können Sie Ihren Gesprächspartner stets mit Namen anreden, was die Beziehung auf eine bessere persönliche Ebene stellt.
6. Rufen Sie an, so teilen Sie Ihrem Gesprächspartner nach den kurzen einleitenden Worten den Grund Ihres Anrufes klar und gut verständlich und möglichst freundlich mit. Vielleicht können Sie sich auf die Absprache beim letzten Treffen mit den Eltern beziehen, bei dem Sie angedeutet haben, zu welchen Angelegenheiten Sie Kontakt aufnehmen möchten?
7. Kommen Sie zügig nach Erreichen des Gesprächsziels zum Ende. Ein freundlicher Satz des Dankes von Ihrer Seite bringt einen höflichen Abschluss.
8. Halten Sie das Ergebnis des Telefonats in wesentlichen Punkten fest. Evtl. wollen oder müssen Sie sich noch einmal darauf beziehen.

Kurz-Mitteilungen an die Eltern

Es ist eine bewährte Form aus der Praxis, die Eltern durch Eintrag in das Hausaufgabenheft des Kindes zu informieren. Hier stehen dann neben den täglichen Aufgaben für die Fächer und Lernbereiche Hinweise auf die notwendig werdende Stundenplanänderung, auf die nicht zu vergessenden Sportsachen, auf evtl. zusätzlich benötigtes Material für den Kunstunterricht oder die vielleicht für das aktuelle Thema „Umweltschutz" aus Zeitschriften auszuschneidenden Bilder und aussagekräftigen Texte. Nicht empfehlenswert ist es, in dieses Hausaufgabenheft Bemerkungen zum Sozialverhalten oder zu Lern- und Leistungsproblemen zu schreiben. Das hat an anderer Stelle besser Platz, z.b. im Gespräch. Aussagen zu bestimmten Leistungen passen besser zur betreffenden Leistungsbewertung selbst.

Um solche Elternmitteilungen zusammenhängend verfügbar zu haben, bietet sich eine Mitteilungsmappe an. In ihr werden auch die Elternbriefe abgeheftet. Alle wichtigen Mitteilungen sollten Sie sich von den Eltern mit Unterschrift abzeichnen lassen. So sind Sie sicher, dass Ihre „Botschaft" angekommen ist.

Elternbriefe

Hier gilt es nach zwei Gruppen von Briefen zu unterscheiden. Einmal gibt es die Briefe, die z.b. die Eltern zum Sprechtag, zum Elternabend, zum Klassen- oder Schulfest, zum Mitmachen und zur Mitarbeit in der Klasse oder im Rahmen von Projekten einladen. In diese Rubrik der Elternbriefe gehören auch die Mitteilungen zum Wandertag, zur Erkundung eines Betriebes, verbunden mit der Bitte an die Eltern, der Teilnahme ihres Kindes an dieser Aktion zuzustimmen.

Bei manchen Schulen und Klassen ist es Tradition geworden, den Eltern einen Brief zum Abschluss des Schuljahres zu schicken. Hier werden Höhepunkte gemeinsamer Aktivitäten kurz genannt. Ein Dankeschön für die gute Kooperation gehört natürlich dazu. Einige wichtige Informationen zum letzten Schultag sowie zum Wiederbeginn im neuen Schuljahr folgen zum Abschluss. Auch die Schulleitung könnte in Abstimmung mit dem Kollegium einen solchen Brief verfassen und über die Kinder an die Eltern weitergeben.

— Briefkopf — 22.6.2000

An die Eltern der Kinder unserer Schule

Elternbrief zum Abschluss des Schuljahres 1999/2000

Sehr geehrte Eltern,

am Mittwoch, 28.6.2000, beenden wir das Schuljahr um 10.45 Uhr. Alle Kinder haben dann ihr Zeugnis erhalten, das über ihre Leistungen und über ihre Lernentwicklung Auskunft gibt. Die Ferien stehen vor der Tür. Darüber freuen wir uns mit den Kindern. Vor allem möchten wir Ihnen auf diesem Wege danken für Ihre verantwortliche Mitarbeit in diesem Schuljahr.

Bei der Arbeit an der Weiterentwicklung unserer Schule haben wieder einige Eltern aktiv an einer Ganztagskonferenz und in den Sitzungen der Fachkonferenzen mitgearbeitet. Unseren vereinbarten Zielen (Erziehungsarbeit verstärken, ausländische Eltern mehr für die Schule interessieren) sind wir dank Ihrer engagierten Mithilfe ein Stück näher gekommen. Der „*dies internationalis*" letzte Woche wird von den Mitgliedern der Planungsgruppe wie vom ganzen Kollegium als Erfolg gewertet. Die türkischen Eltern haben — angestoßen durch die gemeinsame Vorbereitung und die Durchführung dieses Tages — einen Elternbeirat gegründet. Der will die schulische Arbeit besonders für ihre Kinder unterstützen. Das ist erfreulich und nachahmenswert.

Darüber hinaus haben die von Ihnen gewählten Elternvertreter in den Klassenpflegschaften, in der Schulpflegschaft und in der Schulkonferenz unsere Arbeit engagiert mitgetragen. So haben z.B. Eltern die Bewirtung am 1. Schultag der Schulanfänger übernommen; sie haben bei der Durchführung der Radfahrausbildung und der Klassenfeste mitgeholfen und waren in einer Vielzahl für unsere Anliegen ansprechbar. Allen sagen wir dafür herzlichen Dank.

Wir entlassen am 28.6.00 insgesamt 76 Kinder aus der Klasse 4. Sie werden in einem Gymnasium (19), in der Hauptschule (28) und in der Realschule (29) weiterlernen. Wir haben sie nach bestem Wissen und Gewissen darauf vorbereitet und die Eltern bei der Wahl der Schulform beraten. Allen Kinder, die im kommenden Jahr in einer anderen Schule weiterlernen, wünschen wir, dass sie Freude am Lernen behalten und erfolgreich sind.

Zum neuen Schuljahr kommen insgesamt 98 Kinder in das 1. Schuljahr. Wir haben dafür 4 Klassen gebildet. Frau E., Frau H., Frau Sch. und Frau W. übernehmen die Aufgabe, die Kinder für das Lernen in der Schule zu begeistern.

Der Unterricht nach den Ferien beginnt am Montag, 14.8.2000 um 8.00 Uhr mit einem gemeinsamen Gottesdienst. Kinder, die nicht hieran teilnehmen, kommen um 8.45 Uhr zur Schule.

Mit einer kleinen Verabschiedungsfeier unserer Kinder aus den vierten Klassen schließen wir das Schuljahr am 28.6.00 um 10.45 Uhr. Ich lade Sie herzlich zur Mitfeier ein.

Wir wünschen Ihnen zusammen mit Ihren Kindern gute Ferienerlebnisse und viel Erholung.

Für das Kollegium

Die zweite Gruppe von Briefen umfasst Informationen an Eltern, in denen sich die Lehrerinnen und Lehrer z.b. über die Bedeutung von Hausaufgaben äußern, Bildungs- und Erziehungsfragen ansprechen, auf bestimmte aktuelle Gefährdungen der Kinder aufmerksam machen, den Sinn einer neu einzurichtenden Leseecke oder Klassenbücherei beschreiben, die notwendige Differenzierung in Mathematik und die hierzu geplante Unterrichtspraxis erläutern. Diese zweite Verbindungsmöglichkeit zu den Eltern wird allerdings selten genutzt. Warum eigentlich? Als Argumente sind zu hören: „Bei einem solchen Brief muss ich für die unterschiedlichen Eltern in einem für alle gut verständlichen Stil schreiben. Das traue ich mir bei komplexen Themen nicht zu". – „Das schwierige Thema Differenzierung in einem Elternbrief darstellen? Vielleicht auf zwei Seiten? Das geht doch gar nicht ! Ich habe schon Mühe genug, das den Eltern bei der Klassenpflegschaftssitzung klar zu machen!" – „Dazu müsste ich mehr Zeit und Muße haben. Ich verweise aber zu bestimmten Themen schon mal auf Elternbriefe zu Erziehungsfragen, die vom Jugendamt oder von Beratungsstellen kostenlos zu bekommen sind."

Kurze Gespräche am Unterrichtsvormittag

Dazu zählen auch die „Tür-und-Angel-Gespräche": morgens früh beim Bringen der Schulanfänger, mittags anlässlich des Abholens. Allerdings sind es meist recht flüchtige und oberflächliche Kontakte. Sich dabei spontan entwickelnde Gespräche sind wenig geeignet, um ein inhaltlich wichtiges Thema aufzugreifen.

Manchmal werden Sie von Eltern älterer Kinder auch in der Pause aufgesucht, weil was vermeintlich ganz Wichtiges geklärt werden muss. Sicherlich ist die Pausenzeit genauso ungeeignet für seriöse Gespräche wie die Zeit vor Schulbeginn. Es muss schnell ein Raum gefunden werden, in dem Sie ungestört sprechen können. Das sollte aber für Sie kein Anlass sein, sich unfreundlich zu verhalten und auf Ihr Anrecht auf eine Erholungspause im Kollegenkreis hinzuweisen. Besser ist es, den Eltern vorzuschlagen, einen Termin für ein neues Gespräch zu vereinbaren, an dem dann mehr Zeit zur Verfügung steht.

Elternsprechstunden

Lehrkräfte sind dienstlich verpflichtet, feste Sprechzeiten für das Gespräch mit Eltern anzubieten. Diese Sprechzeiten liegen außerhalb des Unterrichts. Sie werden gemeinsam mit den Sprechzeiten der Kolleginnen und Kollegen von der Lehrerkonferenz koordiniert. Am besten geben Sie die Sprechstunde so früh wie möglich den Eltern bekannt. Ideal für die Bekanntgabe wäre natürlich der erste Eltern- oder Klassenpflegschaftsabend. Sonst sollten Sie den Termin schriftlich in einem Brief den Kindern mit nach Hause geben. Kann eine Mutter oder ein Vater z.b. wegen Berufstätigkeit Ihre Sprechzeit nicht aufsuchen, so verabreden Sie mit diesen einen passenderen Zeitpunkt. Da die Sprechstunde nur wenig Zeit (eine Stunde pro Woche) bietet, nehmen Eltern sie nur selten wahr. Es muss schon was Besonderes anliegen, wenn sie sich für die kurze Zeit, die zur Verfügung steht, auf den Weg zur Schule machen. Oft wird daher über das Telefon Verbindung zu Ihnen aufgenommen. Manchmal wollen sich die Eltern nur vergewissern, ob alles das, was ihr Kind mit nach Hause bringt, wirklich zutrifft oder ausgedacht ist. Sie fragen Sie: „Stimmt das wirklich mit...?" – Sie beklagen, dass ihr Sohn wieder von den anderen Jungen „in die Mangel genommen wurde" und wollen, dass Sie eingreifen. Oder sie sagen: „Wir sind allmählich hilflos. Ständig hampelt unser Sohn am Tisch herum, anstatt sich konzentriert den Hausaufgaben zu widmen..." Es bleibt Ihnen daher manchmal nicht anderes übrig, als gemeinsam nach einem Termin zu schauen, an dem Sie sich gründlich miteinander austauschen und zusammen mit den Eltern nach einer möglichen Lösung suchen können.

Elternsprechtage

Die Schulen richten in jedem Schulhalbjahr einen Sprechtag ein. Zuständig für die Terminierung und die Festlegung des zeitlichen Rahmens ist z.B. in Nordrhein-Westfalen die Schulkonferenz als Entscheidungsgremium der Schule. Eltern, Lehrkräfte und Schulleitung entscheiden hier gemeinsam. Um berufstätigen Erziehungsberechtigten zeitlich entgegen zu kommen, werden diese Tage ganztägig oder als zwei Halbtage angesetzt. So haben auch die Eltern, die mehrere Kinder in der betreffenden Grundschule haben, Gelegenheit, die Lehrerinnen und Lehrer der Schule zu unterschiedlichen Zeiten aufzusuchen.

Sie als Lehrerin oder Lehrer befinden sich normalerweise im jeweiligen Klassenraum ihrer Schülerinnen und Schüler. Bewährt hat sich, wenn Sie den Eltern einige Tage vorher einen schriftlichen Vorschlag zur Zeiteinteilung für die Gespräche machen. Diejenigen, die zu der von Ihnen gedachten Zeit nicht können, tragen unten auf dem Schreiben alternative Termine ein. Die Vorschlagsliste kommt an Sie zurück und Sie werden feststellen, dass es nur ganz wenige Wünsche nach einem Ausweichtermin gibt. Durch dieses

Verfahren teilen Sie den Eltern einen gesicherten Zeitrahmen für ein Gespräch mit. Diese brauchen dann auch nicht zu bestimmten Zeiten auf dem Schulflur zu warten und ungeduldig zu werden.

Damit Sie zielorientiert alle aus Ihrer Sicht wichtigen Punkte ansprechen, ist es vorteilhaft, sich vorab zu jedem Kind Notizen zu machen. Bitte aber nicht nur „Schwächen", sondern auch Stärken und Fähigkeiten stichwortartig festhalten. Als nächstes fragen Sie sich:

- Welche Punkte möchte ich ansprechen?
- Welche Ziele habe ich dabei?
- Was ist mir in der kurzen Sprechzeit besonders wichtig?
- Wann hätte ich ggf. Freiraum für einen weiteren Termin, um im Notfall dann das Gespräch fortzusetzen?

Auf diesem Blatt mit Ihren Notizen sollten Sie Platz lassen, um sich während des laufenden Gesprächs (oder kurz hinterher) aufzuschreiben, was die Eltern als wichtige Punkte ansahen und was ggf. an pädagogischen Maßnahmen verabredet wurde.

Stichwortliste

Name	Stärken/ Fähigkeiten	Auffällig- keiten	Meinung der Eltern	Absprachen
Franz				
Marlies				

Auch wenn die Zeit sehr eingeschränkt ist, sollten Sie an die Regeln der Gesprächsführung (vor allem: Ich-Botschaften, aktives Zuhören) denken und Monologe vermeiden.

Liegt kein besonderes Thema aus Ihrer Sicht an, vielleicht sind die Eltern auch nur gekommen, „um mal was von der Lehrerin zu hören", könnten Sie z.b. fragen: „Wie hat sich Susi an den Anfangsunterricht im Bereich Sprache gewöhnt?" – „Hat sich bei Michael nach unserem letzten Gespräch etwas verändert, was sie zu Hause wahrgenommen haben?" – „Wo hat Miriam Ihrer Ansicht nach ihre Stärken?" – „Was hat Franz Ihnen von unserem Besuch in der Bäckerei erzählt?"

Zum Ende der vorgesehenen Sprechzeit ist es Ihre Sache, wichtige Gesprächsinhalte oder Absprachen kurz zusammenzufassen und damit höflich das Gesprächsende anzukündigen. Manchmal ist auch ein Wort des Dankes für die offene und vertrauensvolle Aussprache angebracht.

Praxisbeispiel: Aussprache über das Zeugnis am Ende der Klasse 1 (Rückblick)

Eine Lehrerin berichtet: „Der von mir verfasste Gutachtentext enthält alle wichtigen Punkte, die ich ansprechen und mit den Eltern beraten wollte. Das problematische Sozialverhalten Florians sollte im Mittelpunkt stehen. Ich wollte aber nicht hiermit beginnen, sondern zuerst seine besonderen Fähigkeiten im Fach Mathematik ansprechen. Dann sollte der Bereich Sprache, hiernach erst das sehr auffällige und die ganze Atmosphäre in der Klasse belastende Verhalten das Beratungsthema sein.

Es kam nur die Mutter von Florian in meine Sprechstunde. Sie war sehr aufgeregt. Nach kurzer Begrüßung platzte sie gleich los: „Der Florian ist schwierig, aber nicht erst seit heute. Er ist unser einziges Kind. Ich bin oft ganz hilflos." Damit hatte sie meinen Plan etwas durcheinander gebracht und das Verhalten von Florian selbst zum Thema gemacht. Warum sollte ich das ändern? Ich ermunterte sie, ihre Andeutungen mit Beispielen zu erläutern. So erfuhr ich, dass sie – wie auch ihr Mann – schon von früh an nicht mit ihm fertig wurden. Sein Vater hatte ihn schon als er ein Jahr alt war abgelehnt: „Er gab ihm zu verstehen, dass er nichts Gutes an ihm finde. Florian enttäusche ihn nur immer. Da wurde dann im Laufe der Jahre ein ganz gespanntes Verhältnis draus".

Aber Florian explodiere auch bei kleinster Kritik oder wenn ihm beim Spielen was nicht gelinge. „Was mich und meinen Mann auf die Palme bringt, ist sein Lügen", sagte sie.

Mit diesem Hintergrundwissen konnte ich mir sein auffälliges Sozialverhalten in der Schule besser erklären. Wir mussten jetzt gemeinsam die Frage beantworten: Was können wir tun? Florian brauchte Hilfe, Mutter und Vater benötigten sie offensichtlich auch! Als die Mutter mich auch außerhalb der Schule gerne als Gesprächspartnerin und Beraterin haben wollte, sagte ich ihr und begründetes das auch, dass ich diese umfängliche Beratung nicht leisten könnte. Ich erläuterte ihr, wie wichtig es für sie, ihren Mann und Florian sei, eine Beratungsstelle für Kinder und Familien aufzusuchen, um hier gezielte und kontinuierliche fachliche Unterstützung zu erhalten. Sie nahm meinen Vorschlag gut auf und wollte sich mit ihrem Mann hierüber aussprechen.

Jetzt erst kam ich dazu, das Stichwort aus dem Gutachten „er nimmt aktiv teil...", zu erläutern: „Florian meldet sich von sich aus zu Wort. Er hat gute Ideen und kann Gespräche weiterführen." Erst jetzt war die Mutter aufgeschlossen, meine Erläuterungen zum Bereich Sprache anzuhören. Ich erklärte ihr, dass „sein Lesevortrag ist flüssiger geworden", heiße: Florian liest noch stockend. Er hakt manchmal an und phantasiert das Ende des Satzes. Die Mutter bat ich, mit ihrem Sohn zu üben, die Wörter genau zu sprechen, die einzelnen Buchstaben zu nennen und zu lautieren. Sie versprach mir, das zu tun.

Die Aussprache bekam dann einen positiven Abschluss. Ich beschrieb der Mutter, wie gut Florian rechnen könne: „Er löst nicht nur die Grundaufgaben, sondern schafft auch die Zusatzaufgaben".

Wir verabredeten, uns in 14 Tagen telefonisch über den ersten Kontakt mit der Beratungsstelle zu unterhalten.

Hausbesuche

Meinungen, Meinungen...

„Dazu habe ich keine Zeit. Sie sind einfach zu aufwändig." – „...Lehne ich nicht ab, aber es ist mir genug, wenn ich mal zu den Eltern hin muss. Da ist Lena längere Zeit krank. Peter ist ständig müde und droht während des Unterrichts einzuschlafen. Jörg kommt auffallend regelmäßig morgens zu spät." – „Ich gehe nur zu den Eltern, die mich ausdrücklich und herzlich um einen Hausbesuch bitten." – „Seitdem ich ein paar Besuche bei den Eltern meines ersten Schuljahres gemacht habe, klappt die Zusammenarbeit, so ist mein Eindruck, besser. Beim gemeinsamen Basteln mit Kindern und Eltern vor Weihnachten war eine besonders gute Atmosphäre da. Das führe ich auf meine Besuche zurück."

Die Meinungen sind zwar sehr unterschiedlich, zeigen aber, dass Hausbesuche heute offensichtlich selten sind. Sie müssen ja auch nicht sein, kein Ministerium verpflichtet Sie dazu! Dennoch ein paar Tipps, die vielleicht hilfreich sind.

Wenn Sie Hausbesuche als gute Gelegenheit ansehen, mal im familiären Kreis ein lockeres Gespräch zu führen, Kontakte anzubahnen oder zu vertiefen, dann wäre es gut, dieses Anliegen beim ersten Elternabend anzusprechen. Gute Erfahrungen mit Hausbesuchen bei ausländischen Eltern besagen: Diese Form der Kontakte nahm etwas von der „Schwellenangst" und baute Vertrauen auf. Sind alle Eltern dafür, dass Sie kommen und sich mindestens eine halbe Stunde Zeit nehmen, ist es problemlos, Besuche nach Anmeldung und genauer terminlicher Absprache durchzuführen. Sind nur einige Mütter oder Väter dafür, so lassen Sie deren Namen und Adresse aufschreiben. Mit dem Besuch sollten Sie dann aber nicht lange warten. Ein positiver Anlass ist sicher der bessere „Einstieg" in ein Gespräch: der bevorstehende Wandertag oder der Herbergsaufenthalt, den oder die Sie noch erläutern wollen (z.B. Regelung von Aufsicht und Unfallschutz, was mitgenommen werden muss und was nicht, die Taschengeldfrage usw.), die gezielte Einladung zu einer schulischen Veranstaltung oder zum Mithelfen bei einer schulischen Aktion u.a.m.
Sie können dann folgendes Schreiben verschicken:

(Briefkopf)   Datum

Liebe Familie.....,

wie ich Ihnen beim letzten Elternabend gesagt habe, möchte ich gern die Eltern meiner Schülerinnen und Schüler kennen lernen, um eine gute Zusammenarbei zwischen Schule und Elternhaus zu erreichen. Sie haben damals einem solchen Besuch zugestimmt. Nun würde ich mich freuen, wenn ich in den nächsten Tagen einmal zu Ihnen kommen könnte.
Ich habe an folgende Termine gedacht :   (Daten mit Uhrzeit)

Teilen Sie mir bitte durch Ihr Kind mit, an welchem Tag Ihnen mein Besuch recht wäre.

_____

Mit freundlichen Grüßen

Der zeitliche Rahmen wird so abgesprochen, dass beide Seiten sich darauf einstellen können. Wünschenswert wäre es, wenn Mutter und Vater des Kindes anwesend sein könnten. Sie bekommen beim Hausbesuch Einblick in die individuell gestaltete Lebenswelt der Familie, den täglichen sozialen und räumlichen Kontext Ihrer Schülerinnen und Schüler. Sie erhalten Informationen über Sitten, Gebräuche, Vorlieben, Famlienstrukturen (Rollenverständnis). Der Einbezug des Kindes in häusliche Aufgaben und Pflichten wird vielleicht angesprochen.

In den Interaktionen zwischen Kind und Eltern wird Ihnen die Qualität der Beziehung sowie die Bedeutung des Kindes in der Familie sichtbar. So gewinnen Sie ein Bild von der sozialen und psychischen Situation des Kindes im häuslichen Umfeld. Natürlich ist es ein erster flüchtiger Eindruck und darum Vorsicht mit zu eiligen evtl. für das Kind nicht gerade vorteilhaften Rückschlüssen. Viele Eltern empfinden Ihr Kommen als eine gute Idee, da Sie ihnen mit Ihrem Besuch eine Ehre erweisen: Sie nehmen sich Zeit für sie und machen sich die Mühe, zu ihnen zu kommen, anstatt sie in die Schule zu bitten. Hier haben sie „Heimvorteil", fühlen sich sicherer als in der schulischen Atmosphäre.

Denken Sie bei Besuchen von ausländischen Eltern an deren nationale oder religiöse Feiertage. Termine an solchen Tagen sind eher unpassend. Bei muslimischen Eltern sollten Sie mehr Zeit einkalkulieren als bei deutschen. Sie möchten Ihnen oft gern die Wohnung zeigen, mit Ihnen auch über die Arbeit, die Gesundheit u.a.m. sprechen. Sie geben sich viel Mühe, gastfreundlich zu sein. Sie sollten deshalb die angebotene Tasse Tee und das bereitliegende Gebäck nicht ablehnen. Wenn Sie bei der Begrüßung ein Duftwasser in die Hand geschüttet bekommen, sollten Sie diese Zeremonie nicht ausschlagen. Das Wasser dient der Erfrischung.

Zu Beginn werden Sie den Zweck des Besuches ansprechen. Unklug ist es, sofort etwas Negatives über das Kind in der Schule zu erzählen. Wichtig ist: Zuhören! Fragen, die Sie bewegen, bitte offen und ehrlich stellen, aber nicht zu kompliziert formulieren. Sonst bekommt Ihre Schülerin, die evtl. als Dolmetscherin fungiert, auch Schwierigkeiten. Vermeiden Sie es beim Besuch einer muslimischen Familie über Kopftücher oder Koranschulen zu sprechen. Es ist für dieses Thema jetzt nicht der richtige Ort. Fühlen Sie sich bei an Sie gerichteten rechtlichen Fragen unsicher, dann sagen Sie klar, warum Sie nicht antworten können.

Ausführliche Beratungen

Gerade zur Zeugniszeit ist ein Beratungsgespräch zwischen Eltern und Lehrkräften dringend erforderlich. Zeugnisse sind nämlich nicht mehr als „knapp gehaltene Zwischenbilanzen auf dem Lernweg des Kindes mit begrenzter Aussagekraft" (BARTNITZKY/CHRISTIANI 1994, 193). Dies sollte mit den Eltern besprochen werden:

- was beim Lernen des Kindes in der Schule auffiel,
- was Lehrkräfte und Eltern konkret tun können, um die erkennbaren Fähigkeiten und Neigungen des Kindes zu fördern oder Schwächen abzubauen.

Einige Mütter und Väter haben als Kinder schlimme Erfahrungen über viele Jahre in der Schule gemacht. Die sind nicht vergessen. Manchmal wirken diese Erlebnisse wie ein unsichtbarer Filter, durch den alle schulischen Ereignisse ihrer Kinder – und vor allem ihre Leistungsbeurteilungen – feindselig erscheinen. Eltern mit so schmerzlichen Erinnerungen kommen zumeist von sich aus auf ihre eigene Schulzeit zu sprechen. Hier gilt es für Sie: Zeigen Sie ehrlich gemeintes Mitgefühl. Sie könnten z.b. sagen: „Sie haben damals ja viel Unangenehmes erlebt. Ich kann mir vorstellen, wie sie das belastet hat. Jetzt ist es nicht leicht für sie, die Schulzeit ihres Kindes ohne die alten Erinnerungen mitzuerleben". Solch ein Verständnis baut in der Regel Brücken. Es mildert die feindselige Haltung (vgl. STRUCK/WÜRTL 1999, 170 ff.).

Die bereits erwähnte Grundorientierung für die Gestaltung der Zusammenarbeit mit den Eltern, die sog. klientenzentrierte Gesprächsführung von ROGERS, entstammt seinen psychotherapeutischen Erfahrungen. *Klientenzentriert* bedeutet, dass im Mittelpunkt der Betrachtung das Individuum steht, nicht das Problem. Die Frage heißt also: Wie geht die Person mit dem Problem um? Der Gesprächs- und Beratungsansatz wird auch *nicht-direktiv* genannt. Das bringt zum Ausdruck, dass die Klienten ihre Probleme selbst lösen können, ihre Lebensziele selbst wählen, psychisch unabhängig bleiben und nicht „behandelt" werden wie bei anderen psychotherapeutischen Schulen.

Das Konzept von ROGERS ist, das soll klar gesagt werden, nicht gänzlich auf Beratungsgespräche mit Eltern in der Schule übertragbar: So sind schulische Beratungsgespräche weit davon entfernt, die Eltern in ihrer Persönlichkeit verändern zu wollen. Eltern werden vielmehr als Erziehungspartner angesehen, und Gespräche dienen dazu, gemeinsam Probleme zu bearbeiten. Diese sind selbstverständlich verbunden mit persönlicher Betroffenheit. Die Eltern-Kind-Beziehung und die Lehrerin-Kind-Beziehung stehen hierbei meistens im Mittelpunkt, nicht die Person in ihrer Ganzheitlichkeit.

Das Verhältnis der Eltern zu ihrem Kind ist mit vielen Emotionen verbunden. So gehört es beim Beratungsgespräch dazu, den Eltern Zeit zu lassen, ihre eigenen Gefühle und Gedanken zu sammeln. Ganz sicher ist dies bei der Beratung schwieriger Themen, wie Verhaltensstörungen und Leistungsproblemen bei einem Kind, unbedingt erforderlich. Die nicht-direktive Vorgehensweise mit dem akzeptierenden und gewährenden Verhalten der Beraterin oder des Beraters zielt nun darauf, die betreffenden Personen zum Finden von Problemlösungen anzuregen. Dies ist sicherlich auch bei Beratungsgesprächen mit Eltern ein wichtiger Aspekt. Allerdings wird es hier und da notwendig sein, von der strikten Forderung ROGERS, sich nicht-direktiv zu verhalten, abzuweichen, d.h. das Gespräch doch etwas zu lenken.

Es steht meist nicht so viel Zeit zur Verfügung, um im Sinne ROGERS ganz intensiv auf die Eltern eingehen zu können. Wie kann sich denn ein zurückhaltendes Lenken des Gesprächs, das die Eltern meist auch erwarten, zeigen? Das geschieht einmal dadurch, dass Sie die Gefühle benennen, die Sie bei den Eltern wahrnehmen. Sie helfen ihnen so, die eigene Situation zu reflektieren und das Problem zu formulieren. Eine offene Diskussion der Zusammenhänge erleichtert diese Problemdefinition. Zum Zweiten wollen Sie als Lehrkraft eigene Beobachtungen zum Kind einbringen. Zum Dritten werden Sie selbst auch Lösungsmöglichkeiten anbieten. Das trifft das Interesse der Eltern. Somit ergibt sich hierdurch eine Struktur des Beratungsgesprächs, bei dem Sie in moderater Weise führen.

Empathie, Echtheit und Wertschätzung

Drei Haltungen sollen Beraterinnen und Berater nach ROGERS bei Gesprächen einnehmen und durch ihr Verhalten zeigen: *Empathie*, *Echtheit* und ein *wertschätzendes Verhalten*.
Was bedeutet das konkret?

Empathie beinhaltet, dass Sie sich alle Mühe geben, sich in die Gefühle, Gedanken und persönlichen Auffassungen der Gesprächspartner hineinzuversetzen. Sie stellen Ihre eigenen Emotionen und Wertungen zunächst zurück und teilen den Eltern mit, was Sie von deren Äußerungen wahrnehmen. Durch aktives Zuhören – d.h. Sie spiegeln die wesentlichen Aussagen der Eltern durch Wiederholen der Kerngedanken mit eigenen Worten zurück („Spiegeln" und „Paraphrasieren" genannt) – , fühlen sich die Mütter und Väter verstanden und angenommen. Sie empfinden, dass sie nicht angegriffen oder attackiert werden. Sie werden so zugänglicher für eine sachorientierte Problemanalyse.

Echtheit im Verhalten fordert Sie nicht auf, den gerade aufgestauten Ärger über eine Schülerin oder einen Schüler so auszudrücken, wie es Ihnen die eigenen Gefühle nahelegen. Echtheit ist hier vielmehr in dem Sinne zu verstehen, dass Sie Ihre Gedanken und Gefühle als Person in der Ich-Form ausdrücken. Sie übernehmen damit für das, was Sie äußern, selbst die Verantwortung. Ihre Einstellungen und Ihre Anliegen werden dann Ihnen zugeordnet, nicht dem ganzen Kollegium oder anderen Eltern. Sie wirken hiermit zugleich als Verhaltensmodell. Dazu gehört nicht, sich zu verstellen, vielleicht eine übertriebene Liebenswürdigkeit zu zeigen und eine Maske aufzusetzen. Das stößt ab. Dies Unechte im Denken und Verhalten, in Worten, Mimik und Gestik durchschauen die Eltern leicht.

Wertschätzung zeigen Sie, indem Sie an den geäußerten Gefühlen, Gedanken und den eingebrachten Problemen der Eltern ernsthaft interessiert sind. Sie achten und akzeptieren sie als gegeben, ohne sie damit als die einzig richtigen anzusehen. Sie signalisieren in Mimik und in Worten: Ich nehme Sie und Ihr Kind als Person so an, wie sie sind, nur bestimmte Verhaltensweisen machen mir Schwierigkeiten. Mit anderen Worten: Sie bewerten damit nicht die Mutter, den Vater oder deren Kind, sondern das Verhalten dieser Personen. Sie bezeichnen also z.b. Benedikt nicht als Störenfried, der damit in seinem Verhalten immer negativ ist, der einen „gestörten Charakter" hat. Vielmehr drücken Sie aus, dass das Störverhalten von Benedikt in bestimmten Situationen Anlass zum Gespräch bietet.

Unter Einbezug der anderen beiden Variablen von ROGERS erfahren die Eltern, dass Sie sie für fähig halten, das Problem selbst lösen zu können. Sie brauchen hierfür im Moment nur etwas Hilfe von Ihnen. Zugleich belassen Sie die Verantwortung bei den Eltern und nehmen Sie ihnen nicht ab.

Ist es durch diese offene Kommunikation zum Aufbau von Vertrauen und aufgeschlossener Mitwirkungsbereitschaft gekommen, können die problematischen Themen geklärt werden. Es können zum Schluss Vereinbarungen getroffen werden, die auch deshalb von den Eltern eingehalten werden, weil sie ja an deren Zustandekommen maßgeblich mitgewirkt haben.

Hinweise und Tipps – typische Phasen bei Beratungsgesprächen

Bei Gesprächen, die auf eine kooperative Entscheidungsfindung zielen (zielen sollen) ergeben sich in aller Regel folgende Phasen (vgl. NEUBAUER 1999, 49 ff.):

1. Allgemeine Information über den Gesprächsanlass

Hier sollten Sie zu Gesprächsbeginn nur die wichtigsten Fakten nennen, ohne mit einer persönlichen Stellungnahme inhaltlicher Art einer späteren Entscheidung vorzugreifen.

2. Betonung des gemeinsamen Anliegens

Sie drücken aus, dass Ihnen am Herzen liegt, eine faire Lösung zu finden, die von Ihnen wie auch von den Eltern akzeptiert werden kann.

3. Problemanalyse und Zieldefinition

Die gegenseitigen Standpunkte, aber auch Wünsche und Absichten werden möglichst klar herausgearbeitet. Die Problemanalyse folgt. Danach definieren Sie zusammen mit den Eltern das Ziel, das mit dieser Aussprache und Beratung erreicht werden soll.

4. Abgrenzung des Entscheidungsspielraums

Vielleicht gibt es einen vorgegebenen Rechtsrahmen, den Sie als Lehrkraft zu beachten haben? Dieser lässt u. U. bestimmte Lösungsmöglichkeiten nicht zu. Das haben Sie dann an dieser Stelle deutlich zu sagen.

5. Entwicklung von Lösungsansätzen

Hier empfiehlt NEUBAUER folgendes Verhalten:

- Grundsätzlich erst die anderen Teilnehmer reden lassen,
- alle Beiträge aufgreifen,
- Gefühlsäußerungen in sachliche Inhalte übertragen,
- möglichst alle Teilnehmenden zu Wort kommen lassen,
- zunächst Meinungen und Fakten sammeln, dann erst bewerten,
- beim Thema halten, Zwischenergebnisse formulieren.

6. Bewertung der Lösungsalternativen und Entscheidung

Sie achten darauf, dass die gefundene Lösung realisierbar ist und von allen Beteiligten in gleicher Weise angenommen werden kann.

7. Abschluss des Gesprächs

Am Ende der Beratung ist es Ihre Aufgabe, das Ergebnis des Gesprächs zusammenzufassen, d.h. die getroffene Vereinbarung oder das verabredete Verhalten als gemeinsam erarbeitete Lösung einer Problematik kurz zu benennen. Es folgen ein paar freundliche Abschiedsworte.

Elternberatung unter besonders schwierigen Bedingungen

In der 4. Klasse sitzt Klaus, ein von den Lehrkräften als ganz problematisch eingeschätztes Kind. Seine Pflegeeltern geben ihr Bestes, klagen aber über seine spontanen Wutausbrüche und sein Weglaufen von zu Hause.

Hier die Darstellung der früheren Klassenlehrerin:

Wenn ich mich an Klaus erinnere, dann sehe ich sein blasses, maskenhaftes Gesicht mit den großen, dunklen und hastig umherblickenden Augen. Er besuchte damals die 4. Klasse, die ich als Klassenlehrerin übernahm, weil meine Kollegin in Mutterschaftsurlaub ging. Wenn er zur Mitarbeit bereit war, zeigte er zum Teil überdurchschnittliche Leistungen, vor allem im sprachlichen Bereich. Mich überraschte er immer wieder durch sein liebenswürdiges und hilfsbereites Verhalten und seine Kreativität. Zugleich war Klaus motorisch sehr unruhig.

Seine manchmal auftretenden aggressiven Provokationen, zum Teil auch körperlichen Übergriffe, lautes, grelles Schreien während des Unterrichts und das er immer wieder aus der Schule weglief, machten uns allen schwer zu schaffen.

Meine Erklärungen für das Verhalten von Klaus beruhten auf den Beratungen und Aussprachen mit dem schulpsychologischen Dienst, von dem ich auch Einzelheiten über seine schwierige Kindheit erfuhr. Die Mutter war offensichtlich von früh an nicht in der Lage, Klaus durch Liebe, Zuneigung und ermutigende Erziehung sichere Bindungserfahrungen zu vermitteln. Das führte bei ihm zu Störungen im sozialen Umgang mit anderen Kindern, aber auch mit der Mutter, zu emotionaler Unausgeglichenheit sowie der Unfähigkeit, die eigenen Talente voll auszuschöpfen.

Durch die sich steigernden emotionalen und sozialen Ansprüche ihres Kindes geriet die Mutter in immer schwierigere Situationen. Sie schlug Klaus. Um an der familiären Kommunikation wirkungsvoll teilnehmen zu können, handelte Klaus immer frecher und aggressiver. Die Situation wurde für die ganze Familie zunehmend unerträglich.

Bereits mit zweieinhalb Jahren kam er aus der Familie heraus in ein Kinderheim. Mit fünf Jahren nahm ihn eine Pflegefamilie auf.

Mein Verhalten als beratende Lehrerin

Ich baute mit der Pflegemutter einen intensiven Kontakt auf. Das war auch in ihrem Interesse. Sie hatte das so mit ihrem Mann abgesprochen. Die Beziehung war von gegenseitigem Vertrauen getragen. Mehrmals wöchentlich hatten wir außer kurzen Telefongesprächen Verbindung über das Mitteilungsheft. Mir ging es vor allem darum, dass die Mutter das Kind mit seinen Erlebnissen und den sich hieraus entwickelnden Verhaltensweisen zu verstehen suchte. Sie sollte sich von der Schule unterstützt und ggf. auch entlastet fühlen. Schule und Elternhaus sollten sich in ihren Reaktionen gegenseitig transparent machen. Gemeinsam mit der Mutter entwickelte ich Verhaltensstrategien für den förderlichen Umgang mit Klaus. Wir sprachen ab, dass wir uns ähnlich verhalten, wenn Klaus von zu Hause oder der Schule wegläuft:

● keine Dramatisierung des Weglaufens,
● bei Rückkehr die eigene Sorge mitteilen, auf die Gefahren des Weglaufens in
  der Großstadt aufmerksam machen,
● ihm zeigen, dass wir über seine Rückkehr froh sind.

Ergebnisse der Beratung

Vorübergehend gelang es Klaus, sich in der Schule so zurechtzufinden, dass er seine Leistungsfähigkeit zunehmend stabilisieren und nutzen konnte. Er erhielt viele positive Rückmeldungen von uns Lehrkräften und seinen Pflegeeltern.

Vorbereitung des Übergangs in die weiterführende Schule

In Nordrhein-Westfalen z.B. – wie auch in anderen Bundesländern – entscheiden die Eltern, welche weiterführende Schule ihr Kind besucht. Im ersten Schulhalbjahr der Klasse 4 erhalten sie orientierende Informationen der Grundschule über die Bildungsgänge in der Sekundarstufe I und das örtliche Bildungsangebot. Ferner werden die Eltern in einem persönlichen Gespräch, das sie mit der Klassenlehrerin oder dem Klassenlehrer führen, über alle Möglichkeiten der weiteren schulischen Förderung ihres Kindes beraten. Die generelle Information an die Eltern kann die Schulleitung im Rahmen einer Klassenpflegschaftssitzung oder auch einer Versammlung aller Erziehungsberechtigten der Klasse 4 geben. Zu Hause können die Eltern die Details über Schullaufbahnen und Anforderungen der Schulen der Sekundarstufe I in Broschüren des Schulträgers und des Ministeriums noch einmal nachlesen und vertiefen.

Als Anlage zum Halbjahreszeugnis ihres Kindes erhalten die Erziehungsberechtigten eine schriftliche Empfehlung. Hier begründen die Lehrkräfte, welche Schulform für die weitere Förderung des Kindes am besten geeignet erscheint. Diese Empfehlung wird von der Klassenlehrerin oder dem Klassenlehrer in Absprache mit den anderen in dieser Klasse unterrichtenden Lehrkräften erstellt. Über die Endfassung des Textes entscheidet dann die Konferenz aller in dieser Klasse unterrichtenden Lehrer und die diesem Gremium vorsitzende Schulleitung („Klassenkonferenz" oder „Versetzungskonferenz"). Sie alle haben sich im Verlaufe der Schulzeit ein Bild vom betreffenden Kind machen können und äußern sich entsprechend.

Hinweise und Tipps für das „persönliche Gespräch" mit den Eltern

● Sie beraten die Eltern differenziert und umfassend über die Fähigkeiten, über die Lernleistung und die Lernentwicklung des Kindes und beziehen die Feststellungen Ihrer Kolleginnen und Kollegen mit ein. Dabei sollte auch die aufgestellte Prognose auf Schulerfolg noch einmal ausführlich begründet werden. Manche Schulen wählen als Beratungsrahmen einen Elternsprechtag in der Zeit zwischen den Monaten Dezember des alten und Februar des neuen Jahres. Schwierig kann es aber dann in Einzelfällen werden, wenn Sie durch die hier übliche Zeitenge unter Druck geraten. Zudem haben Sie auch auf berufstätige Mütter und Väter Rücksicht zu nehmen. Sollte Ihnen die Beratungszeit zu eng werden, geht es nicht ohne einen neuen Termin, um die Beratung dann fortzusetzen.

- Machen Sie sich bitte vor Beginn die genannten Grundsätze für Beratungsgespräche noch einmal bewusst. Es geht nämlich nicht darum, dass Sie das „Gespräch" allein bestreiten. Es soll vielmehr ein offener, ehrlicher Meinungsaustausch werden. Klüger ist es daher, die Eltern zunächst über ihre Vorstellungen vom weiteren Bildungsweg ihres Kindes berichten zu lassen. Sie hören hier aktiv zu. Dann äußern Sie Ihre Auffassung. In die Gesprächsmitte, um die die Beratung kreist, stellen Sie das Wohl des Kindes. Sie vergewissern sich, dass die Eltern das auch für das Wichtigste halten.

- Ihr Part beim Beratungsgespräch steht und fällt damit, dass Sie Ihre Aussagen über Ihre Schülerin oder Ihren Schüler und Ihre Empfehlung für die weitere Bildungslaufbahn gut begründen können.
Sie haben durch gezielte Beobachtungen des Kindes bei der Mitarbeit im Unterricht, beim Zusammenleben im Schulalltag einen bestimmten Eindruck, den Sie auch durch Ihre Notizen belegen können. Dazu haben Sie die Ergebnisse der Klassenarbeiten und Lerntests verfügbar. Sie können somit klar Auskunft geben über den Leistungsstand (allgemeines Niveau, Stärken in einzelnen Fächern, Leistungsschwankungen usw.). Sie haben ferner Details zu den sog. kognitiven Persönlichkeitsmerkmalen (allgemeine Denkfähigkeiten, mathematische und sprachliche Fähigkeiten) festgehalten. Dazu haben Sie sich notiert, was Sie bei den nicht-kognitiven Persönlichkeitsmerkmalen (Arbeitshaltung mit ihren Aspekten Selbstständigkeit, Konzentration, Zurechtkommen in Gruppen sowie der Lern- und Leistungsmotivation, die auch Misserfolgserlebnisse aushalten kann) für wichtig halten. Nicht vergessen dürfen Sie den körperlichen und psychischen Entwicklungsstand des Kindes und ob mit einer unterstützenden Haltung der Eltern gerechnet werden kann oder nicht.

- An manchen Schulen werden auch Schuleignungstests in der vierten Klasse eingesetzt. Ein solcher standardisierter Test verschafft Ihnen eine ergänzende Entscheidungshilfe, aber nicht die letzte Sicherheit im Urteil.

Auf diesem Fundament von Kenntnissen über das einzelne Kind bauen Sie Ihre Überlegungen auf. So machen Sie z.b. bei den Anforderungen des Gymnasiums die Eltern aufmerksam, dass sie hier insbesondere das Abstraktionsvermögen, kognitive Fähigkeiten, eine belastbare Leistungsmotivation sowie die Bereitschaft zu kontinuierlicher aktiver Mitarbeit im Unterricht sehen müssen.

Erwecken Sie nicht den Eindruck, Ihre Empfehlung sei als Prognose völlig abgesichert, nur die von Ihnen vorgeschlagene Schulform sei die richtige. Sie setzen sich hiermit unnötig unter Druck und erwecken bei den Eltern den Anschein, ihre Vorstellungen zum weiteren Lernen Ihres Kindes wären bedeutungslos. Das wäre ein Missverständnis! Besser ist, Sie sagen, Sie machten Ihren Vorschlag nach bestem Wissen mit Blick auf das Wohl des Kindes. Ihre Schulerfolgsprognose könne nicht völlig abgesichert sein. – Eine während der Grundschulzeit gewachsene Vertrauensbasis erleichtert die Beratung in hohem Maße.

● Schwierig gestaltet sich das Gespräch dann, wenn die Eltern ihr Kind entgegen Ihrer Empfehlung unbedingt bei einer Schulform anmelden wollen, die das Kind voraussichtlich überfordern wird. Aber machen Sie sich bitte klar: Der Wille der Eltern entscheidet letzthin. Wenn Sie in einem solchen für Sie ärgerlichen Fall die Eltern unter Druck setzen, ihnen vielleicht noch ein ganz schlimmes Szenario ausmalen, werden Sie der Erziehungspartnerschaft nicht gerecht. Vielleicht kommt das Kind sogar ausnahmsweise doch mit den Leistungsanforderungen dieser Schulform zurecht, weil die Schulatmosphäre und eine tüchtige Lehrkraft das Kind besonders herausfordern.

Thematische Veranstaltungen
Elternseminar zur Gesundheitsförderung

Beim Vorgespräch des Referenten mit der Schulleitung, den Klassenlehrerinnen und den Klassenpflegschaftsvorsitzenden wurden die inhaltlichen Schwerpunkte sowie die Formen der Zusammenarbeit und die organisatorischen Rahmenbedingungen geklärt. Es wurden zwei Abendtermine, die im Abstand von 14 Tagen liegen sollten, festgelegt. Der erste Elternabend sollte dem Thema „Gesundheitsförderung", der zweite dem Thema „Suchtprävention" gewidmet sein. Die Einladung der Eltern besorgte die Vorsitzende der Schulpflegschaft zusammen mit dem Schulleiter. Zugleich bestellten diese in Absprache mit dem Referenten entsprechendes Informationsmaterial (u.a. Broschüren und Faltblätter) zu den beiden Themen.

Unsere Kinder werden in der Familie durch bestimmte Alltagssituationen und in der Schule durch Leistungsanforderungen sowie Schwierigkeiten im Umgang mit den anderen Kindern belastet. Sie veranlassen sie, Fähigkeiten zu entwickeln, mit diesen Herausforderungen fertig zu werden. Aber nicht alle Kinder bewältigen die Alltagsbedingungen unserer modernen Lebensweise. Ihre Kräfte und Fähigkeiten reichen dazu nicht aus. Dazu kommen manchmal gesundheitsbeeinträchtigende Gegebenheiten der näheren Umwelt. Die belastenden Einflüsse wirken sich dann auf den Gesundheitszustand der Kinder aus. Erkennbar wird das z.b. daran, dass

- 10 bis 15 % von ihnen als hyperaktiv, aggressiv oder depressiv gelten,
- Allergien, wie Asthma, Heuschnupfen, Hautkrankheiten unter ihnen stark verbreitet sind,
- etwa ein Drittel an Kopf-, Magen-, Rückenbeschwerden, Schlafstörungen leidet, so der Jugendforscher KLAUS HURRELMANN von der Universität Bielefeld.

Jeder Mensch versucht, die Belastungen erträglicher zu machen, ja irgendwie mit den Problemen fertig zu werden. Das tun auch die Kinder. Schwere Störungen ihrer Gesundheit treten allerdings erst dann auf, wenn die Belastungen aus der Umwelt und dem Zusammenleben mit den anderen Menschen schwer und dauerhaft sind und nicht mehr ausgeglichen werden können. Gesundheitserziehung und Gesundheitsförderung stellen deshalb eine wesentliche Akzentsetzung von Erziehung in Elternhaus und Schule dar. Sie versuchen vor allem, die individuellen menschlichen Abwehr- und Selbstheilungskräfte zu stützen und zu fördern.

Ziele

Es sollen Probleme und Gefährdungen für die Kinder in der heutigen Gesellschaft bewusst gemacht und verdeutlicht werden. Aus einem neuen Verständnis von Gesundheit und Krankheit sollen dann pädagogische Orientierungen für die Erziehungsberechtigten abgeleitet werden, damit sie im familialen Zusammenleben mit ihren Kindern viel für deren Wohlergehen tun können.

Geplanter Verlauf

Kurze Einführung durch den Referenten

1. Ein „Ereignissack" öffnet sich (Gespräch über Gesundheit und Krankheit an Hand von wenig gesunden Nahrungsmitteln sowie „Suchtmitteln" aus

dem Lebensalltag, die nach und nach von den Eltern aus einem Sack geholt und mit eigenen Lebens- und Erfahrungssituationen in Verbindung gebracht werden)

2. Zusammenfassung und Vertiefung (Referat mit Folien für den OHP):

   ● Probleme und Gefährdungen für unsere Kinder heute
   ● Was wir unter Gesundheit (im Sinne der Definition der Weltgesundheitsorganisation) und Krankheit verstehen
   ● Gesundheit und Erziehung (Alltagssituationen, in denen gesundes Leben unter psychischen, physischen und sozialen Aspekten bewusster als bisher im Sinne von Wohlbefinden betrachtet und evtl. genutzt werden könnte)

3. Worauf es im Zusammenleben mit den Kindern vor allem ankommt (Die nachfolgenden Fragen werden den Eltern als Kopie an die Hand gegeben und einzeln vorgelesen. Die Eltern werden jeweils dazu um ihre Meinung gebeten, zum Erzählen oder zu Rückfragen angeregt.)

Fragen

● Vertraue ich meinem Kind altersgemäße Aufgaben und Anforderungen an, durch die es nach und nach verantwortliches Handeln lernen kann?
● Erkenne ich seine kleinen und großen Leistungen an und zeige ihm dies ohne zu übertreiben?
● Lasse ich ihm auch genügend Freiräume, damit es selbstständig werden kann?
● Bin ich gut genug über Fragen der gesunden Entwicklung meines Kindes und über Möglichkeiten ganzheitlicher Gesundheitsförderung informiert?
● Suche ich ab und zu die Aussprache mit ihm über Konsum-, Genuss-, Sucht- und Drogenprobleme, ohne ihm hierbei Angst zu machen?
● Wie vorbildlich bin ich mit meinem eigenen Konsum-, Genuss- und Suchtverhalten und bin ich ggf. bereit, an mir selbst zu arbeiten, um ein besseres Vorbild sein zu können?
● Mache ich mir Gedanken darüber, wie ich dazu beitragen kann, dass mein Kind weitere interessante Möglichkeiten sich selbst zu entfalten entdeckt?
● Hat mein Kind mal aktuelle Probleme, bin ich dann gesprächsbereit, auch wenn es mir im Moment nicht gut passt?
● Weiß ich genau, mit wem mein Kind näher befreundet ist und aus welchem Elternhaus diese Freundin oder dieser Freund kommt?
● Habe ich in Konfliktsituationen die Kraft, gemeinsam mit meinem Kind einen fairen Kompromiss zu entwickeln?

4. *Rückblick* auf den Verlauf des Abends und Frage an die Eltern: Was hat mir das Nachdenken über Gesundheitsförderung als Mutter/Vater gebracht? – Erläuterung, wie die zur Verfügung stehenden Informationsmaterialien sinnvoll genutzt werden können.

5. *Hinweis* auf den zweiten Abend und das dort vorgesehene Thema.

Elternseminar zur Suchtprävention

Bereits im frühen Kindesalter können sich Suchthaltungen bilden, die später im Jugendalter in ein manifestes Suchtverhalten münden. Für die Ursachen und Entstehungsbedingungen von Süchten wird heute ein multifaktorieller Zusammenhang, nicht ein einzelner Wirkfaktor, verantwortlich gemacht. Dieser Komplex setzt sich aus individuellen Faktoren der Persönlichkeit (körperlich-genetischer, seelischer, geistiger, sozialer Art), gesellschaftlichen, wirtschaftlichen und politischen Gegebenheiten sowie der Verfügbarkeit von Suchtmitteln und vorhandenen suchtgefährdenden Situationen bzw. Milieus zusammen.

In allen Altersgruppen und sozialen Schichten hat sich der Suchtmittelmissbrauch ausgebreitet. Das betrifft gesellschaftlich tolerierte Drogen wie Alkohol und Nikotin, aber auch illegale Drogen, wie Haschisch, LSD, Heroin, Kokain sowie Medikamente wie Schmerz-, Beruhigungs-, Schlaf- und Aufputschmittel. Sie werden sowohl auf legale als auch auf illegale Weise erworben. Den neuesten Statistiken nach beunruhigen vor allem die den Drogenmarkt überschwemmenden synthetischen Aufputschmittel (Designerdrugs) diejenigen, die für junge Menschen Verantwortung haben. Dazu kommt, dass der Tabakkonsum vor allem bei jungen Menschen (auch schon bei Mädchen im Grundschulalter) wieder an Bedeutung gewinnt. Die Zahl Alkoholabhängiger und durch Missbrauch gefährdeter Erwachsener wird auf rund 2,5 bis 4 Mill. geschätzt. Rund 2 Mill. Kinder und Jugendliche leben in Deutschland in einer Familie mit einem alkoholkranken Elternteil. Etwa 30 % der Alkoholabhängigen in Deutschland stammt aus einer suchtbelasteten Familie. Jede siebte Familie ist nach Untersuchungen des Max-Planck-Instituts für Psychologische Forschung durch Alkoholmissbrauch oder –abhängigkeit wenigstens eines Elternteils betroffen. Das Leid gerade für Kinder und Jugendliche in diesen Familien ist deshalb so groß, weil sie im Zusammenleben mit dem Suchtkranken Wechselbäder von liebevoller Zuwendung und schroffer Ablehnung bis hin zu Gewalt erfahren und zudem schon ganz früh mit einem Suchtmittel konfrontiert werden. Die gesundheitlichen Schäden somatischer (z.B. organische Erkrankungen) und psychischer Art (z.B. Entwicklungsstörungen, mangelhaft ausgebildete Bewältigungsfähigkeiten, Psychosen) sowie soziale Probleme, z.B. die Ausgliederung aus Gesellschaft und Beruf, aber auch die gesamtgesellschaftlichen Kosten der Behandlung und Rehabilitation (die Deutsche Hauptstelle gegen die Suchtgefahren – DHS – beziffert den durch Alkoholmissbrauch entstehenden Schaden auf rund 60 Milliarden DM pro Jahr) erfordern den Einsatz verschiedener öffentlicher und privater Maßnahmen, um eine weitere Zunahme der Suchtprobleme zu verhindern. Die Schule als die zentrale Erziehungs- und Bildungsstätte für alle Kinder soll bei der Suchtprävention mithelfen.

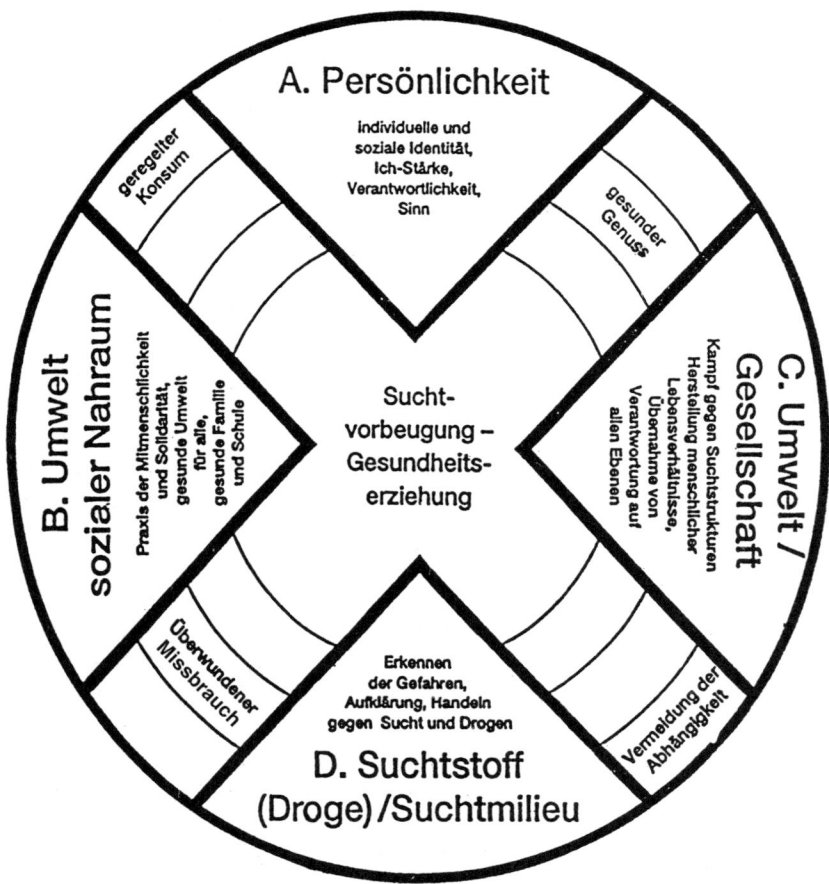

Ursachenorientierte Suchtvorbeugung

Erklärungsansätze zur Sucht bzw. Theorien zur Begründung von Sucht (sog. biogenetischer, psychoanalytischer, lernpsychologischer, sozial-kognitiver, motivationspsychologischer oder soziokultureller Ansatz) haben mit ihren spezifischen Sichtweisen einen Beitrag zur Orientierung bei der Entwicklung von Präventionskonzepten zu leisten. Im Mittelpunkt aller Konzepte sollte allerdings der Mensch mit seinen Bedürfnissen, Sehnsüchten und Alltagsproblemen stehen. Um ihn geht es. Eine ursachen- und zielorientierte Suchtprävention hat daher vor allem die Förderung von Lebenskompetenzen (Sach- und Handlungskompetenz, emotionale und soziale Kompetenz sowie moralische Kompetenz) zu betonen und entsprechende Maßnahmen zu ergreifen.

Vorbeugende Arbeit bedeutete früher Information und Aufklärung über die Wirkungsweise der Drogen. Später konzentrierte man sich auf die Drogen und ihren Konsum und verwirklichte eine drogenspezifische Suchtvorbeugung, die weitgehend auf Abschreckung basierte und Risikofaktoren minimieren wollte. Heute geht es um ursachenorientiertes Vorgehen, das auch suchtunspezifische Maßnahmen umfasst. Da wesentliche Gemeinsamkeiten zwischen den verschiedenen Formen der Abhängigkeit bestehen, beinhaltet ein erweiterter Suchtbegriff jetzt auch stoffungebundene Süchte (z.B. Spielsucht, Arbeitssucht). Daher wird nun nicht mehr von Drogen-, sondern von Suchtprävention gesprochen. Sie legt ihren Schwerpunkt (s. o.) auf die Förderung und Erhaltung von psychosozialen Kompetenzen (Lebenskompetenzen) sowie die Vermittlung von Orientierungen zur Gestaltung eines sinnvollen Lebens. Was heißt das nun konkret?

Aus der Präventionsforschung ist bekannt, dass seelisch ausgeglichene und selbstbewusste Kinder mit einem stabilen und belastbaren Ich gute Chancen haben, später nicht süchtig zu werden. Mit den *Lebenskompetenzen* sind Fähigkeiten gemeint wie:

- sich verständlich machen und andere verstehen, sich in die Gedanken und Gefühle anderer hineinversetzen können,
- eigene Stärken und Schwächen annehmen und nach und nach Verantwortung für das eigene Handeln übernehmen,
- Probleme wahrnehmen und selbst an die Lösungen herangehen,
- Misserfolge annehmen und Chancen sehen, dennoch wieder ins Gleichgewicht zu kommen,
- eine gesunde Einstellung zur Notwendigkeit von Lernanstrengungen und zum Erbringen von Leistungen,
- Beziehungen aufbauen, sich ggf. Hilfe bei anderen holen, auch bei Erwachsenen; mit anderen an Lösungen sozialer Probleme arbeiten.

Das Vermitteln solcher Fähigkeiten ist eine wichtige Aufgabe von Grundschule und Elternhaus. Die Grundschule hat die Aufgabe im Sinne ermutigender Hilfen, die Möglichkeiten jedes einzelnen Kindes genau zu erfassen und erbrachte Leistungen anzuerkennen. So gewinnen auch Mädchen und Jungen mit geringerer Lernbereitschaft und Leistungsfähigkeit die Motivation zum Lernen und Leisten. Die Lehrkräfte erleichtern es ihnen zugleich, sich selbst mit allen Stärken und Schwächen anzunehmen.

Im Elternhaus und in der Grundschule verbringen die Kinder sehr viel Zeit. Daher ist das Gesundheitslernen – und damit ein zentraler Faktor der Suchtprävention – in diesen Lebensbereichen von großer Bedeutung. In einer konsumorientierten Familie, in der die sozialen und emotionalen Bedürfnisse des Einzelnen wenig beachtet werden, lernen bereits die Kleinkinder Ersatzbefriedigungen kennen, die sie dann später als gelerntes Verhalten beibehalten. Gesundheitsfaktoren bilden alle diejenigen Bedingungen, die in persönlicher (körperlicher, seelisch-geistiger) und umweltbezogener Hinsicht gesundheitsfördernd sind. Dabei ist es für die Eltern oft schwierig, im Zusammenleben mit den Kindern die Balance zwischen „Freiraum gewähren und Grenzen ziehen" zu schaffen. Nur mit viel Einfühlungsvermögen in das kindliche Denken, Erleben und Verhalten ist dies einigermaßen möglich. Dass dennoch immer wieder Fehler passieren, ist menschlich. Wir Erwachsenen lernen allerdings auch immer noch dazu. Vieles lernen wir durch unsere Kinder und mit ihnen zusammen.

Ziele

Im Anschluss an das erste Seminar geht es diesmal um das schwierige Thema von „Freiraum gewähren und Grenzen ziehen" als wesentlichem Bestandteil von Gesundheitserziehung und Suchtprävention. In Gruppen sollen an Hand eines Fallbeispiels zunächst eigene Orientierungen diskutiert und überlegt werden. Da das Suchtmittel Alkohol im Fallbeispiel eine wichtige Rolle spielt, soll auch hierzu aufklärend und informierend gearbeitet werden. Die Gruppenergebnisse werden dann im Plenum dargestellt und durch den Referenten weiter vertieft.

Geplanter Verlauf

1. Begrüßung und Einführung in das Thema durch den Referenten
2. Kurze entspannende Übung anhand meditativer Musik und Rückmeldungen zur momentanen Gefühlslage
3. Gruppenarbeit an einem Fallbeispiel, orientiert an Fragen
4. Auswertung im Plenum
   (Aspekte: Die Notwendigkeit, Grenzen im pädagogischen Sinne zu zie-

hen; Methoden und Möglichkeiten; Alkohol als Suchtmittel: Verbreitung; Folgen der Abhängigkeit vom Suchtmittel)

5. Weiterführung und Vertiefung
(Die generellen Ziele von Suchtprävention als „Vermitteln von Kompetenzen und von Sinnorientierung", dargestellt an Alltagssituationen)

6. Meinungsaustausch zum Verlauf des heutigen Abends.
Frage: Was erscheint mir jetzt am Ende des Abends besonders wichtig bei der Erziehung zu sein?

7. Beantwortung eines Fragenkatalogs für die mögliche Fortsetzung der pädagogischen Arbeit auf anderer Ebene

Informations- und Arbeitspapier

Fallbeispiel

Oliver (7 Jahre) liegt in seinem Bett und kann nicht einschlafen. Die Eltern haben seit einer Stunde Besuch im Wohnzimmer, und er darf nicht dabei sein. Das ärgert ihn. „Morgen früh ist Schule. Da musst du ausgeschlafen sein", sagte Mutter am Nachmittag. Als er nun einige Zeit das Lachen der Erwachsenen aus der Entfernung gehört hat, will er nicht länger allein sein in seinem Zimmer. Er steht auf und befindet sich plötzlich mitten unter all den Gästen. Diese begrüßen ihn herzlich. Natürlich will Oliver auch etwas trinken. Er möchte unbedingt Wein haben. Onkel Theo bemerkt: „Ein Glas kann nicht schaden. Vielleicht schläft er dann besser!" Die Eltern lehnen das zwar ab, wollen aber auch mit Oliver keine Szene erleben. Sie sagen...

Fragen für die Arbeit in Gruppen

1. Wie sehen Sie die Situation im Fallbeispiel?
Sagen Sie bitte, wie Sie das Verhalten von Onkel Theo und den Eltern beurteilen. Was könnten die Eltern zu Oliver gesagt haben?

2. Ist das wirklich so gefährlich, wenn Grundschulkinder mal einen Schluck Alkohol trinken? Begründen Sie bitte Ihre Meinung.

3. Wann gewähre ich als Mutter oder Vater zu viel, wann zu wenig Freiraum? Nennen Sie bitte Beispiele.

4. Was sind „vernünftige", was „unvernünftige" Verbote?

5. Welche Strafen sind pädagogisch vertretbar? Nennen Sie bitte Beispiele.

Fragenkatalog zur möglichen Weiterführung der pädagogischen Arbeit an dieser Schule

1. Möchten Sie, dass diese an den zwei Elternabenden angesprochenen Themen mit allen Eltern dieser Schule bearbeitet werden? Ja / Nein

2. Machen Sie bitte einen Vorschlag, wie die Arbeit mit allen Eltern dieser Schule am besten organisiert werden könnte.

_____

_____

_____

_____

3. Welche einzelnen Aspekte dieser Themen halten Sie für so wichtig, dass diese mit allen Eltern bearbeitet werden sollten? Nennen Sie bitte höchstens 3 Themen.

_____

_____

_____

_____

4. Welche Veranstaltungsformen halten Sie für eine gemeinsame Veranstaltung mit den Eltern für besonders geeignet?

_____

_____

_____

_____

Zensuren und Leistungsbewertungen – Differenzierte Diktate und Mathematikarbeiten in Klasse 3

Erforderlich ist es, die Eltern für das Leistungskonzept der *ermutigenden Erziehung* zu gewinnen. Das ist nicht einfach, zumal einige Eltern glauben, der in unserer Gesellschaft vorherrschende wettbewerbsorientierte und selektierende Leistungsgedanke müsse auch bereits in der Grundschule den entsprechenden Stellenwert haben. Dagegen sollten Sie setzen:

● Alle Kinder sind unterschiedlich. Die Kinder unterscheiden sich bereits beim Schuleintritt erheblich in ihrer Persönlichkeitsentwicklung und Leistungsfähigkeit. Manche von ihnen werden stark im Elternhaus gefördert, andere nur sehr wenig.

- Die Leistungen der Kinder sollten nicht unnötig immer wieder miteinander verglichen werden, weil dann einige nur Nachteile erfahren und darunter leiden.
- Zentraler Aspekt des Förderns von Kindern muss die Ermutigung sein. Das Kind hat ein Recht darauf, so zu sein wie es ist und durch die Erwachsenen und die Kinder anerkannt zu werden. Ein Misserfolg darf keinen Einfluss darauf haben, das Kind weiter gern zu haben.
- Ziffernzensuren geben keine Auskunft darüber, was und wie das Kind gelernt hat (vgl. BARTNITZKY/CHRISTIANI 1994, 189). Das kann nur ein erläuternder Text leisten. Eltern können aber eigentlich das Leistungsbild ihres Kindes nur genau erfahren, wenn sie mit der Lehrerin oder dem Lehrer ihres Kindes sprechen.

Angesichts der unterschiedlichen Leistungsfähigkeit der Kinder sind in der Schule von Anfang an Überlegungen zur Differenzierung notwendig. Ein Kind braucht z.b. viel Zeit für das Bearbeiten von Anforderungen. Ohne helfende Unterstützung, verbunden mit Mut machenden Worten, geht das oft nicht. Andere konzentrieren sich gut, verstehen die gestellten Fragen und Aufgaben sofort, es geht ihnen alles „leicht von der Hand". Die Grundschule muss aber allen Kindern gerecht werden. Erziehung zur Selbstständigkeit durch Betonen von eigenem aktiven Handeln der Kinder sowie eigener Steuerung individueller Lernwege, Vermitteln herausfordernder Lernanreize, Wecken von Interessen und Neigungen, erfordern stets neues Nachdenken der Lehrkräfte. Dieser Prozess der zunehmend selbstständiger lernenden unterschiedlichen Kinder ist nur durch eine pädagogisch akzentuierte Differenzierung in den Anforderungen und entsprechender Leistungsbewertung sinnvoll in Gang zu setzen.

Während in den Klassen 1 und 2 die Leistungen in den meisten Bundesländern ohne Verwendung der Notenstufen beschrieben werden und kurze schriftliche Übungen zulässig sind, werden in den Klassen 3 und 4 vorwiegend schriftliche Arbeiten zur Leistungsfeststellung in den Fächern Mathematik, Schriftlicher Sprachgebrauch und Rechtschreiben geschrieben. Mit der Einführung der Zensuren ab Klasse 3 tritt demnach der anforderungsbezogene Maßstab zum individuellen Beurteilungsmaßstab hinzu. Da aber die individuelle Leistungsfähigkeit des Kindes weiterhin besonders im Blick bleibt, müssen die Klassenarbeiten auch differenziert gestellt werden. So wird vermieden, dass ein nicht so leistungsstarkes Kind durch den direkten Vergleich mit dem leistungsstarken als Versager dasteht. Das geht allerdings nur, wenn Kinder auf die für alle gemeinsamen Grundlagen hin gefördert werden, die leistungsstärkeren Schülerinnen und Schüler selbstverständlich darüber hinaus.

Der Lehrplan gibt z.b. für den Mathematikunterricht den Rahmen hinsichtlich der Inhalte und auch der Ziele verbindlich vor. Innerhalb dieses Rahmens lernt das Kind auf unterschiedlichen Wegen, mit unterschiedlichem Tempo und auch mit unterschiedlicher Intensität und Qualität (Anspruchsniveau). Es muss sichergestellt werden, dass jedem Kind gemäß seinen Lernvoraussetzungen angemessene Bedingungen zur Entfaltung von Fähigkeiten und Fertigkeiten geboten werden. Wenn die Grundschule diesen Auftrag erfüllt, werden in jeder Klasse große Leistungsunterschiede zu verzeichnen sein.

Die Klassenarbeiten sollen zeigen, was und in welchem Umfang das einzelne Kind gelernt hat und was es jetzt sicher davon beherrscht. Da Kinder unterschiedlich (Wege, Tempo, Niveau) lernen, werden sie in jeder Unterrichtseinheit unterschiedliche Lernschritte machen; die Leistungen ab Klasse 3 werden zunehmend nach dem anforderungsbezogenen Maßstab beurteilt. Es geht also nicht mehr nur darum zu ermitteln, welchen individuellen Lernfortschritt ein Kind nach einer Einheit gemacht hat (individuelle Bezugsnorm). Bei der Konzeption von Klassenarbeiten ist dementsprechend das Anspruchsniveau so festzulegen, dass die unverzichtbaren grundlegenden Ziele der Unterrichtseinheit überprüft werden. Damit müssten dann auch die schwächer lernenden Kinder zum Erfolg kommen können. Andererseits müssen auch die stärkeren Kinder in der Klassenarbeit Gelegenheit haben, ihre Leistungsfähigkeit unter Beweis zu stellen. Auch sie brauchen Bestätigung und Anerkennung.

Es ist daher weder kind- noch klassengerecht, wenn eine Klassenarbeit auf ein mittleres Niveau für alle Kinder angelegt wird und damit die Leistungen eines jeden Kindes abgefragt werden sollen. Damit wird klar: Die Konzeption der Klassenarbeit in Mathematik muss sich an den vorgegebenen Zielen, ausgewiesen in den Richtlinien und Lehrplänen, und an der unterschiedlichen Leistungsstärke der Kinder einer Klasse orientieren. Das heißt, jede Klassenarbeit muss eine unterschiedliche Anspruchsebene ausweisen.

Hinweise und Tipps – Differenzierte Diktate

Den Eltern verdeutlichen Sie, dass ein differenzierender Unterricht konsequenterweise differenzierte Anforderungen bei Diktaten aufweist und analog hierzu die Bewertung zu erfolgen hat. Hierbei gilt es, folgende Grundsätze zu beachten:

1. Sie üben täglich mit Ihren Schülerinnen und Schülern im Bereich des Grundwortschatzes. Zudem vermitteln Sie die wichtigsten Regelungen der Rechtschreibung. Die Klassenarbeit bauen Sie auf diesen gelernten Elementen auf.
2. Es geht Ihnen darum, den Kindern zunehmende Selbstständigkeit in der Rechtschreibung zu vermitteln. Das beinhaltet: Die Kinder sollen entsprechend ihrer Leistungsfähigkeit lernen, selber Fehler zu vermeiden, Fehler zu erkennen und selbst zu korrigieren. Dazu gehört das Nachschlagen im ABC-Register, Wortschatzheft, Kinderduden usw.
3. Sie stellen vor dem Klassendiktat differenzierte Übungen. Sie machen so alle Kinder mit bestimmten Aufgaben vertraut. Bei den in der Rechtschreibung schwächeren Kindern geht es Ihnen vorrangig um den Ausbau des Grundwortschatzes. So nehmen Sie den Kindern auch die Angst vor dem ersten zu bewertenden Diktat.
4. Beim Aufbau des differenzierenden Diktates können Sie so verfahren, dass alle Kinder die grundlegenden Anforderungen, den Grundtext, bearbeiten. Möglichkeiten zum Üben des Grundtextes sind z.b. Lückentexte, Partner- und Selbstdiktate. Die leistungsfähigeren Kinder erhalten zusätzliche Anforderungen, die darüber hinaus gehen.
5. Sie können auf diese Weise die Noten anforderungsbezogen verteilen und sind nicht auf ein unpädagogisches Schema, wie z.b. die Gaußsche Normalverteilung, angewiesen.

Praxisbeispiel: Das Thema „Diktate" bei einer Klassenpflegschaftssitzung

Zeitpunkt: Beginn des zweiten Halbjahres des 3. Schuljahres

Eine Lehrerin berichtet:

Meine Ziele

Den meisten Eltern ist noch aus eigener Schulzeit gut in Erinnerung, wie viel Kummer und Angst ihnen ungeübte und überraschend kommende Diktate bereitet haben. Sie hörten daher gerne von mir, wie bei Diktaten heute besonderer Wert auf individuelle und gezielte Förderung gelegt wird und in welchen Formen ich mit den Kindern täglich übe. Diesen Kerngedanken der intensiven Förderung und Übung, verbunden mit der Vorstellung, dass Kinder auch auf dem Gebiet der Rechtschreibung möglichst selbstständig lernen sollen, habe ich den Müttern und Vätern verdeutlicht. Sie erfuhren dann, dass Diktate mit differenzierenden Anforderungen auch entsprechend differenziert bewertet werden müssen.

Die Eltern verstanden, warum die Kinder beim richtigen Schreiben des Grundtextes kein „sehr gut" bekamen, sondern ein „befriedigend". Beim richtigen Schreiben des Grundtextes und des erweiterten Textes erhielten die Kinder eine bessere Note.

Praxisbeispiel: Das Thema „Differenzierte Klassenarbeiten in Mathematik" bei einer Klassenpflegschaftssitzung

Ein Lehrer berichtet:

Meine Ziele

Manche Eltern sagen. „Endlich gibt es ab Klasse 3 Noten. Da können wir jetzt was mit anfangen". Noten haben bei Eltern einen hohen Stellenwert. Bei Beratungsgesprächen über die Lernentwicklung des Kindes im Rahmen der notenfreien Jahresbilanzen zeigen die Eltern häufig mehr Interesse an der „guten Bewertung" als an der guten Leistung ihres Kindes. Sie fragen daher nach: „Steht mein Kind denn nun gut oder befriedigend?" Bevor die erste differenzierte Klassenarbeit geschrieben und bewertet wird, sollten die Eltern daher über die Gründe, den Aufbau und die Bewertung von Klassenarbeiten Einzelheiten wissen, damit sie hier nicht wieder nur nach den bewerteten Schulleistungen – und dann möglichst im Vergleich zu den anderen Kindern – schauen.

Ich biete zusätzliche Aufgaben an, die dem Kind eigenständige Lösungswege abverlangen.

Bei der Lösung dieser Aufgaben gibt es keinen häfig gelernten Lösungsweg. Das Kind hat also aus seinen Vorstellungen heraus einen eigenen Weg zu entwickeln. Das wird und muss auch nicht allen Kindern der Klasse möglich sein. Den besser lernenden Schülerinnen und Schülern eröffnet diese Anforderung jedoch die Chance, ihre Leistungsfähigkeit zu zeigen.

Zur Bewertung

Klassenarbeiten gelten als Leistungsmessungen, die sich an den Anforderungen auszurichten haben. Das wird u.a. daran deutlich, dass Aufgaben je nach Struktur mit einem oder mehreren Punkten bewertet werden – unabhängig davon, welches Kind die Aufgabe bearbeitet und gelöst hat. Jede Klassenarbeit ergibt also eine Gesamtpunktzahl, die für die Bewertung der Arbeit mit Noten als Grundlage dient.

Weitere Kontaktmöglichkeiten

An *Elternsprechtagen* können Sie im Beratungsgespräch, das sich dann auf das einzelne Kind bezieht, den Eltern einen weiteren Einblick in Ihre Bewertungspraxis vermitteln.

Falls die Eltern einen Stammtisch gegründet haben, zu dem Sie auch ab und zu eingeladen werden, könnten Sie hier ggf. allgemein, aber auch situativ bezogen auf eine „frische" Arbeit, über Aufbau und Bewertung der Mathematikarbeit sprechen.

Manche Eltern wünschen spontan von Ihnen eine Auskunft. Sie rufen Sie an oder kommen in einer Pause kurz bei Ihnen vorbei. Das gibt es immer wieder, weil sie trotz Ihrer Darstellung über differenzierte Arbeiten nicht einsehen, warum ihr Kind bei 40 Punkten nicht ein „sehr gut" erhalten hat. Sie müssen natürlich auch in solchen Fällen zur gewünschten zusätzlichen Information bereit sein.

Kontakte mit ausländischen Eltern zum Thema Hausaufgaben

Wie bereits dargestellt, hat sich die Grundschule im konkreten schulischen Alltag und in der Zusammenarbeit mit ausländischen Familien ernsthaft um das Bewältigen von (wechselseitiger) Fremdablehnung zu bemühen. Die Lehrkräfte können integrierend durch Konzepte der interkulturellen und antirassistischen Erziehung entscheidend das Umgehen miteinander beeinflussen.

Sicherlich ist für viele zugewanderte Mütter und Väter die fehlende Sprachkompetenz das große Problem, wenn sie ihren Kindern z.B. bei den Hausaufgaben helfen oder diese auf Vollständigkeit überprüfen wollen. Dem zehnten Kinder- und Jugendhilfebericht nach (1998, 137) stellen die Hausaufgaben für deutsche wie ausländische Familien das wichtigste Problem dar. 81 % der Mütter übten sogar mit ihren Kindern für die Schule, weil sie das für ganz wichtig hielten, damit ihr Kind Chancen in der Schule habe. Ausländischen Eltern, die die deutsche Sprache nur unzulänglich beherrschen, bereitet das Thema Hausaufgaben dementsprechend noch viel größere Schwierigkeiten. Manche haben auch nicht den Mut, ihre Schwierigkeiten der Schule mitzuteilen. Sie spüren aber auf der anderen Seite, dass ihr Kind manchmal zusätzliche Hilfe, zumindest eine mutmachende Begleitung benötigt, um mit den Leistungsanforderungen einigermaßen zu Recht zu kommen und nicht wegen Schwierigkeiten beim schulischen Lernen in eine Außenseiterrolle zu geraten.

Warum überhaupt Hausaufgaben?

In Nordrhein-Westfalen z.B. ist das Thema Hausaufgaben ein wichtiges Mitwirkungsthema für die Klassenpflegschaft, die über deren Art und Umfang berät. Daher ist es gut, wenn Sie sich als Lehrerin und Lehrer eine eigene Meinung hierzu bilden:

- Hausaufgaben ergänzen, erweitern und vertiefen die schulische Erziehungs- und Bildungsarbeit.
- Sie können dazu dienen, das im Unterricht Erarbeitete zu üben, in weiteren Beispielen anzuwenden oder bestimmte Inhalte ins Gedächtnis einzuprägen.
- Die Aufgaben können auch so gestellt werden, dass die Kinder auf diese Weise wichtige Vorleistungen für den Unterricht erbringen.
- Die Kinder können lernen, die Aufgaben so auf den Nachmittag zu verteilen, dass ihnen nicht zu viel von ihrer Freizeit verloren geht.
- Sie erkennen, dass die Teilnahme am Unterricht in der Schule auch die Verpflichtung zum Anfertigen von Hausaufgaben mit sich bringt.
- Sie erfahren, dass sie einer solchen Verpflichtung beharrlich und zielbewusst nachkommen müssen.
- Sie stellen fest, dass Hausaufgaben, die als Teil einer Gemeinschaftsaufgabe in unterschiedlicher Form vergeben wurden, besonders verantwortungsbewusst anzufertigen sind.
- Hausaufgaben erfüllen dann eine zentrale Aufgabe, wenn sie zum Selbstständigwerden der Kinder beitragen.

Was gegen Hausaufgaben spricht

- Einige Kinder werden durch die Hausaufgaben körperlich, geistig und seelisch überfordert.
- Die Grundschulkinder brauchen möglichst den ganzen Nachmittag zur freien Gestaltung, um sich für den nächsten anstrengenden Unterrichtstag wieder zu stärken.
- Hausaufgaben bilden das zentrale Streitthema in fast allen Familien. Das Zusammenleben ohne sie würde viel entspannter und fröhlicher sein.

- Die Mithilfe mancher Eltern bei den Hausaufgaben ihrer Kinder geht oft so weit, dass sie diese ganz selbst machen. Das verfälscht das Bild von der Leistungsfähigkeit des Kindes und widerspricht dem Grundsatz, dass Hausaufgaben von den Kindern selbst anzufertigen sind.
- Viele Hausaufgaben werden nicht klar und verständlich genug formuliert, so dass die Eltern helfen müssen.
- Manche Lehrkräfte setzen den Anspruch und den Umfang so hoch an, dass der vom Ministerium gesetzte Zeitrahmen (1./2. Schuljahr z.b. 30 Minuten) nicht eingehalten werden kann.
- Oft werden die Aufgaben unter Zeitdruck am Ende der Stunde oder des Schulvormittags gestellt und ohne notwendige Erläuterungen erteilt.
- Die Hausaufgaben werden nur selten unter den Lehrkräften abgesprochen. Dadurch wird der Aufgabenumfang zu groß.
- Einige Lehrkräfte gehen im Unterricht zu wenig oder gar nicht auf die angefertigten Hausaufgaben ein, obwohl die Kinder ein Recht darauf haben, dass ihre Leistung gewürdigt und Minderleistungen auch als solche benannt werden.

Sollen Eltern bei den Hausaufgaben helfen?

Diese Frage wird Ihnen als Lehrkraft oft gestellt und kann durchaus Thema bei einer Klassenpflegschaftssitzung sein. Sie ist allerdings nicht ganz einfach zu beantworten. Wenn Hausaufgaben dem Selbstständigwerden der Kinder dienen sollen, dann müssen die Kinder sie möglichst auch ohne die Hilfe von Mutter oder Vater anfertigen. Die radikale Auffassung: Das Kind soll selbst erleben, wie sich das auswirkt, von der Lehrerin oder vom Lehrer ohne Hausaufgaben angetroffen zu werden, oder: Wie sollen die Lehrkräfte wissen, ob etwas verstanden wurde oder nicht, wenn stets die Eltern korrigierend eingreifen und nachhelfen? wird sicher nur von wenigen Erziehungsberechtigten vertreten. Ausnahmen gibt es aber dennoch, weil es ja um das eigene Kind geht, z.B.,

- wenn etwas auswendig gelernt wurde und die Eltern das Gelernte abfragen,
- wenn es ein Kind offensichtlich nicht schafft, sich den Nachmittag so einzuteilen, dass die Hausaufgaben erledigt werden können,
- wenn Eltern eine schwierig formulierte Aufgabe ihrem Kind erläutern und damit den Arbeitsansatz oder Fortgang der Arbeit ermöglichen,
- wenn sie sich die angefertigten Hausaufgaben in bestimmten Zeitabständen ansehen und feststellen, dass ihr Kind offensichtlich bestimmte

Aufgaben oder sonstige inhaltliche Zusammenhänge nicht verstanden hat oder sehr oberflächlich arbeitete.

Manche Kinder brauchen nach der Mittagspause etwas Zeit, um die Mittagsmüdigkeit und die schulischen Belastungen vom Vormittag zu überwinden. Andere sind zu dieser Zeit so agil, dass das Erledigen der Hausaufgaben für sie kein Problem darstellt. Wenn Eltern also nachfragen, wie viel Zeit die Kinder für die Hausaufgaben brauchen, sollten Sie die vom Ministerium angegebene Richtzeit erwähnen, aber auch darauf hinweisen, dass die Kinder oft ein unterschiedliches Arbeitstempo haben. Für das einzelne Kind ist zudem nicht jeder Tag wie der andere! Manche sind leicht ablenkbar, sie brauchen häufiger eine Pause, um dann wieder konzentriert weiterzumachen.

Sie sollten den Eltern auch sagen, dass sie sich bei Ihnen melden sollen, wenn ihr Kind dauernd unterstützt werden muss oder ihnen die mit den Hausaufgaben verbundenen Anforderungen erheblich zu hoch oder zu umfangreich erscheinen.

Die Aufgabe der Eltern liegt wesentlich darin, die Motivation der Kinder für diese Form des Lernens zu stabilisieren und ggf. zu wecken. Dies erfordert auf keinen Fall, dass Mutter oder Vater ständig während der Hausaufgabenzeit neben ihrem Kind sitzen und es vielleicht sogar unter Druck setzen. Die Kinder werden dann die Hausaufgaben (gerne) machen, wenn

- diese klar und verständlich gestellt wurden,
- sie den angemessenen Schwierigkeitsgrad aufweisen,
- die Hausaufgaben von den Lehrerinnen und Lehrern als wichtig angesehen werden und einen entsprechenden pädagogischen Stellenwert in der Schule haben,
- sie abwechslungsreich und mit Aufforderungscharakter formuliert wurden.

Ausländische Eltern, deren Kinder nicht so gut dem Grundschulunterricht folgen können, neigen dazu, sich von ihrer Umgebung zu isolieren. Sie fühlen sich ähnlich „abgeschoben" wie manchmal ihre Kinder und sie erwarten, dass die Lehrerinnen und Lehrer auf sie zukommen.

Praxisbeispiel

Wie eine Lehrerin mit dieser Problematik umging, zeigt folgendes Beispiel:
Sie hatte als Klassenlehrerin bei einem Elternabend, an dem das Thema Hausaufgaben diskutiert wurde, vorgeschlagen, mit den ausländischen Müttern

und deren Kindern gemeinsam (zunächst zweimal im Monat) Hausaufgaben zu machen. Das Angebot stieß bei sieben Müttern ausländischer Kinder auf Interesse. Zwei deutsche Mütter waren spontan bereit, an den beiden Nachmittagen mitzuhelfen, wo es nötig erschien. Zwei ausländische Mütter boten an, für Kaffee und Kuchen zu sorgen.

Ziele der Lehrerin

Die Mütter sollten gemeinsam mit ihren Kindern nachmittags in der Schule Hausaufgaben machen, zudem eine Stunde in der fremden Umgebung, nämlich der Schule, ungezwungen zusammen sein. Sie sollten erkennen, dass auch andere Mütter Verständigungsschwierigkeiten und Kinder mit Lernproblemen haben, dass sie sich dennoch alle in dieser Gruppenrunde einigermaßen gut verständigen können. Sie sollten feststellen, wie andere Mütter mit ihren Kindern umgehen und daraus lernen. Ihr Kind sollten sie im Zusammensein mit anderen Kindern erleben und evtl. ganz neue Seiten an ihm feststellen können.

Die gegenseitige Unterstützung von ausländischen und deutschen Müttern sollte ihnen die Hemmungen nehmen, sich im Falle von Verständnisschwierigkeiten bei den Hausaufgaben bei der Lehrerin oder den anderen Eltern zu äußern und um Hilfe zu bitten. Diese Erfahrung sollte sie für Kontakte öffnen und den Wunsch nach Vertiefung dieser neu entstandenen Verbindung wach werden lassen. Sie sollten erfahren, dass der Rat der anwesenden Lehrerin in bestimmten Situationen hilfreich ist. Der Nachmittag sollte hierdurch auch positive Auswirkungen auf die Einstellung zur Schule, zur weiteren Mitarbeit auf Elternebene in der Schule, aber auch auf das Familienleben bzw. den Umgang von Schule und Elternhaus haben.

Rückblick

Die guten Erfahrungen der Lehrerin, der Eltern und Kinder mit diesem speziellen Angebot (Hausaufgaben und Gesprächsrunde) nur für ausländische Mütter mit ihren schulpflichtigen Kindern veranlassten die Lehrerin, noch einen weiteren Nachmittag anzuhängen. Hier machte sie den Versuch, die Kinder ganz allein die Hausaufgaben anfertigen zu lassen. Die Mütter saßen mit ihr und den beiden deutschen Eltern im selben Raum an einem runden Tisch und unterhielten sich. Nur wenn ein Kind nicht weiterkam, half die Lehrerin in „Begleitung" der ausländischen Mutter.

Mitarbeit im Schulleben

Wenn die Erziehungsberechtigten in das Schulleben der Grundschule einbezogen werden, entfaltet es seine erzieherische Wirkung im Hinblick auf die Kinder voll. Feste und Feiern, aber auch Schulwanderungen, Schulfahrten sind ein wichtiger Bestandteil des Schullebens. Eine Konrektorin: *„Wir machen alle zwei Jahre ein Schulfest. Das geht. Jedes Jahr wäre uns zu viel. Natürlich sind die Eltern von Anfang an dabei, d.h. von der Planungsphase an. Gerade schulische Veranstaltungen wie Klassen- und Schulfeste haben hohen Erlebniswert für alle. Sie schaffen Gemeinschaft, ja verstärken sie."* – *Der Vorsitzende der Elternschaft aus Klasse 2 c: „Ich will nicht verhehlen, dass es schon ein Stück Arbeit war, die Mütter und Väter für die Mitarbeit zu gewinnen, d. h. möglichst viele. Als das gesamte Fest toll geklappt hatte, waren alle ganz angetan. Das lässt hoffen, dass es beim nächsten Mal leichter werden könnte."* Die gemeinsame Planung und Durchführung schulischer Veranstaltungen schafft Möglichkeiten für mitmenschliche Begegnungen und intensive Zusammenarbeit.

Feste zu feiern macht allen Spaß, es fordert Kreativität und Fantasie heraus. Die Kooperation verbessert das Miteinander und hilft, Generationsschranken im positiven Sinne abzubauen. Gerade Feste bieten großen Raum, wo sich Eltern engagieren und Themen, Aktivitäten und den Gesamtablauf mitgestalten können. Die Zusammenarbeit darf sich aber nicht darauf beschränken, dass einzelne Väter „bekniet" werden, die Würstchen zu grillen, eine Torwand zu schreinern oder den Fahrdienst für Auswärtige zu übernehmen. Eltern sollten möglichst von vornherein mitplanen, ihre Ideen einbringen und ihren Sachverstand einfließen lassen.

Oft gibt es Veranstaltungen an der einzelnen Schule, die traditionell dazugehören, wie der Ausflug ins Schullandheim oder die Fahrt zur Jugendherberge, das Schulfest, der Martinsumzug, die Karnevalsfeier in der Schule, die feierliche Verabschiedung der Viertklässler. Sie prägen das Profil der Schule mit und sind zugleich Teile der Öffentlichkeitsarbeit. Ihre aufmerksame Pflege durch alle am Schulleben Beteiligten verstärkt die Identifizierung der Kinder mit ihrer Schule und verankert positive Einstellungen zu ihr.

Gestaltung von Schulfesten

Die Planung von Veranstaltungen außerhalb des planmäßigen Unterrichts, d.h. auch die Vorbereitung und Durchführung von Schulfesten und -feiern, ist in aller Regel ein Aufgabenbereich der Schulkonferenz.

Aufsicht

Der Umfang der schulischen Aufsicht richtet sich je nach möglichen Gefährdungen und dem Teilnehmerkreis. Besteht bei Schulveranstaltungen Teilnahmepflicht, ist der Sachverhalt klar. Die Schulleitung hat dann eine ordnungsgemäße Aufsicht sicherzustellen. Ist die Teilnahme den Kindern freigestellt, muss die Schulleitung darauf achten, dass die Lehrkräfte nicht durch zusätzliche Aufsichtspflichten unzumutbar belastet werden. Die Eltern können den Aufsicht führenden Lehrerinnen und Lehrern helfen.

Versicherung und Haftung

Ist das Schulfest oder eine andere schulische Aktivität eine schulische Veranstaltung, sind die Schülerinnen und Schüler sowohl während der Veranstaltung wie auch auf dem Hin- und Rückweg unfallversichert. Darin eingeschlossen sind alle Aktivitäten der Veranstaltung, so z.B. auch das Seifenkistenrennen auf der dafür abgesperrten Nebenstraße, das Ponyreiten auf dem Schulhof, das Karussell fahren. Die Geschwister und Eltern der Kinder genießen bei der Teilnahme keinen Versicherungsschutz. Nehmen Erziehungsberechtigte z.B. als Mitglieder der Schulpflegschaft oder Vorsitzende der Klassenpflegschaft teil, so sind sie nach § 539 Abs. 1 Nr. 13 RVO versichert. Auch „weisungsgebundene Helferinnen und Helfer", die in Absprache mit der Schulleitung Arbeiten z.B. zur Ausgestaltung des Festes verrichten, sind versichert. Sowohl auf dem Gelände der Veranstaltung wie auf dem Hin- und Rückweg besteht der Schutz. Für Sachschäden durch Einrichtungen auf dem Schulgelände haftet der Schulträger dann, wenn ihn ein Verschulden trifft.

Rauchen und alkoholische Getränke

Für den Verkauf, den Ausschank und den Genuss jeglicher alkoholischer Getränke besteht auf dem Schulgrundstück ein grundsätzliches Verbot. Für viele Eltern und deren Gäste ist das oft nicht einzusehen. Sie behaupten, dies ginge an der Realität vorbei. Aber das generelle Alkoholverbot dient der Bekämpfung des Suchtmittels. Es erleichtert der Schule und den mitwirkenden Eltern die gesamte Durchführung des Festes. Alkoholgenuss führt zudem bei einigen Menschen zu unkontrollierten Äußerungen und Verhaltensweisen, die für Kinder nicht nachahmenswert sind. Es können auch hierdurch Gefahrensituationen mit vermeidbaren Unfällen entstehen. Auf dem Schulgrundstück gilt während der schulischen Veranstaltung, wie z.B. bei einem Schulfest, generelles Rauchverbot. Daran sollten sich die Eltern und deren Gäste und – natürlich auch - die Lehrerschaft halten, auch wenn dies bei einigen Erwachsenen wie beim Alkoholverbot auf wenig Verständnis stößt.

Finanzieller Gewinn?

Bei einem Schulfest werden manchmal Würstchen und Getränke verkauft. Mütter backen Waffeln. Sie haben den Teig mitgebracht und erwarten keine Unkostenerstattung. Kinder haben eigens für das Fest etwas gebastelt, gemalt und verkaufen dies. Ein Vater prägt Buttons und beschriftet sie auf Wunsch mit einem Namen oder Sinnspruch. In einer Nische im Schulflur sitzt eine Kindergruppe und bietet nicht mehr benötigte Spielsachen an. So gibt es viele Möglichkeiten, durch Verkaufserlöse die Unkosten eines Festes zu decken. Wie ist das mit diesem Geld? Darf die Schule es behalten?

Genau besehen, ist die Schule eine rechtlich unselbstständige Einrichtung des Schulträgers. Das bedeutet, dass sie über die erzielten Einnahmen nicht frei verfügen darf, weil sie damit eine verbotene schwarze Kasse führt. In der Regel lassen die Schulträger die Schulen entscheiden, was sie mit dem Überschuss machen wollen. Um Missverständnissen vorzubeugen, sollten sich Schulleitung und Schulträger jedoch vor dem Fest verständigen. Es widerspricht allerdings pädagogischen und sozialen Zielvorstellungen von der Bedeutung eines Schulfestes, wenn der finanzielle Gewinn in den Mittelpunkt der Veranstaltung gestellt wird.

GEMA-Gebühren

Die Gesellschaft für musikalische Aufführungs- und mechanische Vervielfältigungsrechte (GEMA) prüft, ob Vergütungsansprüche gegen den Veranstalter zu stellen sind, wenn urheberrechtlich geschützte Musik gespielt wird. Entscheidend für die Erhebung von Gebühren ist, ob das Schulfest wegen seiner erzieherischen Ziele nur einem bestimmten abgegrenzten Personenkreis zugänglich ist. Wenn, wie üblich, aber auch Tanten, Onkel und vielleicht auch die Großeltern mitkommen, handelt es sich nicht mehr um einen abgegrenzten Personenkreis! Eine Ausnahme hiervon bildet die reine Klassenveranstaltung. Das bedeutet, dass zu jeder öffentlichen Schulveranstaltung mit Musikaufführungen vorher die Einwilligung der GEMA einzuholen ist. Sie setzt dann eine Pauschalvergütung fest.

Ein besonderes Schulfest: „Dies internationalis"

Bei diesem Praxisbeispiel soll die *Planungsphase* im Mittelpunkt stehen. Die Zusammenarbeit mit den Erziehungsberechtigten wird hier gut sichtbar. Im Rahmen einer ganztägigen Lehrerkonferenz der Grundschule, an der auch sieben interessierte Eltern teilnahmen, wurde die gesamte pädagogische Arbeit der Schule im Sinne einer Bestandsaufnahme als ein Element der Auseinandsetzung mit dem Schulprogramm erfasst. Auf dieser Grundlage wurden Perspektiven für die weitere Programmarbeit entwickelt. Es wurde beschlossen, Zielrichtung weiterer gemeinsamer Überlegungen von Eltern, Lehrerinnen und Lehrern an der Schule sollte sein:

● das Kind insgesamt stärker ins Blickfeld zu rücken,
● die Integration der ausländischen Kinder zu fördern,
● mehr Öffentlichkeitsarbeit zu leisten.

Die Schule besuchen 284 deutsche und 65 ausländische Kinder. Die ausländischen Kinder verteilen sich auf folgende Nationalitäten: 20 Türken, 26 Italiener, 10 Jugoslawen, 5 Albaner, 1 Grieche, 1 Iraner, 1 Pakistani, 1 aus Sri Lanka. Das ergibt 18,6% der Gesamtschülerzahl. Alle Lehrkräfte der Schule waren sich einig darin, dass die vorhandenen Lern- und Leistungsprobleme der ausländischen Kinder nicht nur durch Sprachschwierigkeiten begründet sind, sondern auch durch mangelnde Mitarbeit ausländischer Eltern bei Erziehungs- und Bildungsfragen der Schule. Daher wurde die zweite Zielrichtung um folgende Punkte ergänzt:

● die Hilfen für die ausländischen Kinder (Fördermaßnahme Deutsch und Spiele zur besseren Konzentration) zu verstärken, damit sie sich schulisch besser entwickeln,
● die ausländischen Eltern mehr als bisher als Partner zur Integration zu gewinnen und sie für die Mitarbeit an der schulischen Entwicklung ihrer Kinder empfänglicher zu machen,
● deutsche Eltern anzuregen, eine „Patenschaft" für ein ausländisches Kind zu übernehmen.

Neben den unterrichtlichen Vorhaben sollte ein Schulfest, ein „dies internationalis", den Integrationsgedanken und das Ziel verstärkter Öffentlichkeitsarbeit, in besonderer Weise aufnehmen. Die Idee dieses Schulfestes wurde von allen Gruppen für besonders wichtig gehalten.

Das Ergebnis der Lehrerkonferenz wurde als grafische Übersicht auf einem DIN-A2-Bogen zusammen mit der Vorstellung des Schulfestes in das Elterngremium der Schule (Schulpflegschaft) wie auch in die Elterngremien der Klassen gegeben. Nach großer positiver Resonanz vor allem auch zur Idee eines „dies internationalis" erreichten die Programmimpulse die Schulkonferenz als Entscheidungsgremium der Schule. Das Schulfest wurde beschlossen. Es sollte am 17.6. in der Zeit von 14 bis 17 Uhr in der Schule und auf dem Schulhof stattfinden. Im Vordergrund sollte die Begegnung stehen, z.B. sollten die Eltern sich und ihr Land vorstellen. Für die Vorbereitung des Festes, aber auch für die Durchführung und die später folgende Auswertung sollte eine Planungsgruppe eingerichtet werden. Diese sollte aus deutschen und ausländischen Erziehungsberechtigten sowie Lehrkräften und der Schulleitung bestehen.

Ausländische und deutsche Eltern wurden auf Vorschlag der Schulkonferenz gezielt beim Elternsprechtag oder in einem Brief um Mitwirkung in der Planungsgruppe gebeten. Von den ausländischen Eltern sollten auf jeden Fall also Vertreter der größten Gruppen – Italiener und Türken – gewonnen werden.

Am 29. Februar traf sich die Planungsgruppe um 20 Uhr zum ersten Mal im Lehrerzimmer der Schule.

Aus dem Protokoll dieser Sitzung:

Gestaltungsfragen

Die Planungsgruppe überlegt Gestaltungselemente für das Vorhaben und kommt zu folgendem Ergebnis:

- Jede Nationalität soll sich darstellen durch typische Speisen und Getränke, Volksmusik und Tanz, typische Kleidung, Dokumentation der Heimat (Stellwände mit Karten- und Bildmaterial, das dem Betrachter erklärt werden soll). Begrüßung der Besucher in der Landessprache.
- Die AG Laienspiel führt in der Aula das Theaterstück „(M)ausland ist überall" auf.
- Die AG Bildnerisches Gestalten stellt die Plakate für die Veranstaltung her.
- Die AG Instrumentalspiel spielt Stücke internationaler Musik.
- Alle Kinder lernen ein internationales Lied für den Tag.

Organisationsfragen

Das Anliegen wird der türkischen Landsmannschaft vorgetragen. Sie wird um aktiv gestaltende Teilnahme gebeten. Um alle türkischen Familien zu erreichen, suchen sie ihre Landsleute notfalls auf. Eine Namensliste der türkischen Kinder wird ihnen gegeben. Sie versammeln die Eltern in der Schule (das Lehrerzimmer steht ihnen zur Verfügung) und bereiten ihre Beiträge vor. Auch die italienischen Familien werden aufgesucht. Zwei Frauen kümmern sich um die Vorbereitung der deutschen Eltern. Der Schulleiter bittet den jugoslawischen

Lehrer an seiner Schule um Kontaktaufnahme zu seinen Landsleuten. Die „Einzelvertreter" anderer Nationalitäten werden durch den Schulleiter informiert und um Mitwirkung gebeten.

Die Planungsgruppe trifft sich am 11.4., um die Ergebnisse aus den einzelnen Gruppenkontakten zu beraten und ein Programm aufzustellen. Als wichtig wird angesehen, dass das Programm nicht zu umfangreich wird. Für die einzelnen Punkte muss Zeit genug vorgesehen werden, damit Raum für die gewünschte Kommunikation der Teilnehmenden bleibt.

Zur Werbung für den Tag

Es muss versucht werden, möglichst alle Eltern für das Anliegen zu gewinnen. Deshalb wird in der kommenden Schulpflegschaft das Vorhaben ausführlich dargestellt, in allen Klassenpflegschaftssitzungen im März für den Tag geworben, von der Schule eine Einladung für den Tag verfasst, die in die verschiedenen Sprachen übersetzt und rechtzeitig den Eltern zugeleitet wird.

Die Öffentlichkeit soll für das Vorhaben interessiert werden. Deshalb wird in der Presse rechtzeitig für den Tag geworben, das Stadtmarketing-Büro über den Termin informiert, die Plakataktion rechtzeitig durchgeführt, die Stadtverwaltung zu der Veranstaltung eingeladen, die Schulaufsicht informiert und eingeladen.

Zwischenergebnis

Ende Mai, also gut drei Wochen vor dem Fest, sagte die Schulpflegschaftsvorsitzende: „Das war eine echte Anforderung an uns, sich Gedanken darüber zu machen, was wir den anderen Nationen denn zeigen können. So gibt es z.B. Tänze aus Italien, Dias aus der Türkei, Schützenfest aus Deutschland mit dem Postorchester und plattdeutsche Vorträge, dazu ein Theaterspiel der Laienspielgruppe der Klasse 4 mit Streit und Versöhnung zweier Familien. Aber schon jetzt, einige Zeit vor dem Tag, hat der „Dies" einen ersten Erfolg zu verbuchen: die türkischen Eltern haben zwei Vertreter benannt, um die Schulpflegschaftsarbeit zu intensivieren. Damit hat sich bewahrheitet, was der Schulleiter den Eltern im Vorfeld prophezeite: „Die Vorbereitung ist schon Teil des Ziels."

Schulwanderungen und Schulfahrten

Fahrten und Wanderungen sind pädagogisch sinnvoller, wenn sie von Anfang an gemeinsam geplant und vorbereitet werden. Gemeinsam heißt: mit Schülerinnen und Schülern und mit Eltern. Die neuen Erfahrungen bei diesen außerunterrichtlichen Veranstaltungen können den Unterricht vielfältig bereichern, das gegenseitige Verstehen der Kinder, der begleitenden Lehrkräfte und Eltern fördern. Die Kinder entwickeln stets besonderes Interesse, ja auch besondere Fähigkeiten, wenn es um die Fragen geht:

- Wohin wollen wir gehen oder fahren?
- Was können und wollen wir dort machen?
- Was hat das mit unserer schulischen Arbeit zu tun?
- Wie kommen wir zum Zielort?
- Was tun wir bei schlechtem Wetter?
- Wie teuer wird das Ganze und wie können wir es finanzieren?

Das Entscheidungsorgan der Schule erstellt auf Vorschlag der Klassenpflegschaften einen Rahmenplan der Schule. Er enthält die für das Schuljahr vorgesehenen Schulwanderungen und -fahrten mit ihren pädagogischen Zielen, der Höchstdauer der Veranstaltungen und der Kostenobergrenze. Es gehört allerdings nicht zur Kompetenz der Gremien, die Leiter und weiteren Begleiter (die auch Erziehungsberechtigte sein können) einer Wanderung oder Fahrt zu bestimmen, genaue Fahrtziele, Reisewege, Verkehrsmittel vorzuschreiben oder über einen festen Zeitpunkt zu entscheiden. Diese Einzelplanung ist Sache der Klassenlehrerin bzw. des Klassenlehrers in enger Zusammenarbeit mit den Kindern und Erziehungsberechtigten.

Eine *eintägige Wanderung* führt die Kinder z.B. in den nahe gelegenen Wald. Der Förster erklärt hier die unterschiedlichen Bäume, ihre Pflege und Verwendung. Er beschreibt seine beruflichen Aufgaben. Natürlich steht die Hege der hier lebenden Tiere im Mittelpunkt. Bei diesen eintägigen Veranstaltungen können aber auch z.B. heimatkundliche, kulturgeschichtliche, sozialkundliche Ziele verfolgt werden.

Bei *mehrtägigen Schulwanderungen und -fahrten* fährt die Klasse z.B. mit dem Bus zur Jugendherberge. Sie ist das Stammquartier, von dem aus Waldwanderungen, ein Stadtbummel, die Besichtigung der Tropfsteinhöhle, der Gang zum Schwimmbad u.a.m. gestartet werden. Es gehört ferner dazu: das freie Spielen auf dem Herbergsgelände, ein Bastelnachmittag, Würstchengrillen und Lagerfeuer, Gruppenspiele und Wettbewerbe verschiedener Art. Einige wenige Mütter oder Väter sind immer wieder gerne bereit, bei der Begleitung der Kindergruppe mitzuhelfen. Problematisch wird die Assistenz allerdings dann, wenn diese Erwachsenen sich ausschließlich um das Wohl ihres Kindes kümmern wollen.

Ein Lehrer: *„Der Schullandheimaufenthalt des dritten Schuljahres ist fester Bestandteil des Schullebens. Schon die Kinder der zweiten Klassen* *reden bereits davon. Bei gutem Wetter sind sie eine Woche lang in Zelten untergebracht, bei schlechtem Wetter stehen uns die Zimmer im Haus zur Verfügung. Zwei Mütter fahren meist mit und sorgen mit einzelnen Kindern zusammen für Essen und Trinken. Ein buntes Programm, natürlich mit einer Nachtwanderung durch den anliegenden Wald, lässt die Woche für alle zum Erlebnis werden..."*

Schullandheimaufenthalte beinhalten im Vergleich zu den Schulwanderungen auch Phasen von Unterricht. Manche Lehrerinnen und Lehrer sehen z.b. in einem fünftägigen Aufenthalt eine gute Möglichkeit, das Abschiednehmen von ihrer Klasse 4 vorzubereiten. Der Unterricht wird während dieser Zeit einem ganztägigen Rhythmus angepasst. Er verläuft aufgelockert und wird nicht durch den Pausengong unterbrochen. Günstig ist die Projektform mit einem zentralen Thema, das viele Eigenaktivitäten von Gruppen vorsieht. Begleitende Mütter und Väter – auf Dauer für diese Zeit oder im Wechsel anwesend – übernehmen oft gerne die Essenszubereitung, das Lagerfeuer, aber auch das gemeinsame Musizieren, das sie mit der Gitarre begleiten. Spannend finden es einige Kinder, wenn ein Vater oder eine Mutter mal abends aus „alten Zeiten" erzählt.

Einladung zum ersten Elternabend

(Absender)   (Datum)

Liebe Eltern,

wie Sie inzwischen ja schon von Ihrer Tochter/Ihrem Sohn erfahren haben, planen wir einen Schullandheimaufenthalt für unsere Klasse. Wir haben uns in der Klasse schon über den möglichen Ort, die Dauer und einen eventuellen Termin unterhalten und möchten von Ihnen nun Meinungen und Vorschläge dazu hören. Als Termin bietet sich unser nächster Klassenpflegschaftsabend (Elternabend) an:

am _____ um _____ Uhr in _____

Da alle Kinder der Klasse am Aufenthalt teilnehmen sollen, möchten wir Sie herzlich bitten, zu diesem Elternabend zu kommen, damit wir Ihre Wünsche, aber auch Ihre Bedenken berücksichtigen können.

Mit freundlichen Grüßen

Vorsitzender der Klassenpflegschaft   Klassenlehrer

Elternbrief nach dem ersten Elternabend

Liebe Eltern,

wie Sie bereits wissen, möchte unsere Klasse am _____ für _____ Tage ins Schul-

landheim _____ fahren.

Dies ist eine schulische Veranstaltung, d.h., sie dient den gleichen Zielen wie der „All-

tagsunterricht", allerdings mit unterschiedlichen Schwerpunkten und anderem Tages-

verlauf.

Die zu erwartenden Kosten belaufen sich auf etwa _____ Euro. Wenn die Fahrt für Sie

ein finanzielles Problem ist, wenden Sie sich vertrauensvoll an mich oder an die Schul-

leitung.

Auch wenn Sie schon auf unserem letzten Elternabend Ihre mündliche Zustimmung ge-

geben haben, so möchte ich Sie doch bitten, die untenstehende Erklärung unterschrie-

ben an mich zurückzugeben.

Bitte haben Sie Verständnis für die notwendige Bürokratie.

Mit freundlichen Grüßen

Klassenlehrer

Rückantwort

Erklärung der Erziehungsberechtigten

Erziehungsberechtigter: Name _____ Vorname _____

Anschrift _____

Mein Sohn/meine Tochter _____ geb. _____ nimmt am Schul-

landheimaufenthalt im _____ (_____ Tage) teil.

Ich verpflichte mich, die anfallenden Kosten von Euro _____ zu übernehmen und bis zum

_____ einzuzahlen auf das Konto _____

Ort/Datum _____ Unterschrift _____

Was muss mit den Eltern besprochen werden, was wollen sie sicher von Ihnen wissen? Meist haben sie folgendes Anliegen:

● Wie die Verpflegung an diesen Tagen geregelt wird.
● Was unternommen wird, wenn ein Kind krank wird.

- Welche Kinder eine Diät einhalten oder Medikamente einnehmen müssen.
- Ob einzelne Kinder bei bestimmten Aktivitäten aus gesundheitlichen Gründen nicht mitmachen dürfen.
- Wie für Sicherheit beim Schwimmen und Baden gesorgt wird.
- Was unbedingt an Kleidung, auch für den Fall des regnerischen Wetters, mitgenommen werden muss.
- Was die Veranstaltung kosten wird.
- Wie hoch das Taschengeld sein sollte.
- Ob elektronisches Spielzeug, der Kassettenrekorder oder das Radio mitgenommen werden dürfen.
- Welche Gegenstände (z.b. Feuerzeug, feststehende Messer) zu Hause bleiben müssen.
- Wie die Beaufsichtigung der Kinder im Haus (vor allem nachts), in Hausnähe und bei Unternehmungen organisiert wird.
- Wer als begleitende Lehrkraft und von den Eltern mitfährt.
- Wann im Schullandheim der Besuch von Müttern und Vätern besonders erwünscht ist.
- Was mit einem Kind passiert, das immer wieder gegen die verabredeten Regeln verstößt.
- Wann die Kinder telefonisch erreicht werden können.
- Für wieviel Uhr die Rückkehr der Klasse und die Abholzeit angesetzt ist.

Für die ausländischen Eltern ist es beruhigend, wenn Sie ihnen sagen können, dass die Mädchen und Jungen getrennte Zimmer haben und auch durch einen Flur voneinander getrennt sind. Für türkische Eltern ist folgende Information überzeugend, damit sie ihre Tochter unbesorgt mitfahren lassen (s. folgende Seite).

Ziele der fünftägigen Veranstaltung einer vierten Klasse:

Im Schullandschulheim, das an einer Talsperre liegt, können wir:

- den Wald in seiner Einmaligkeit mit allen Sinnen erleben,
- Einzelheiten über die Talsperre und ihre Bedeutung ermitteln und kennen lernen,
- in Gruppen zusammen basteln, werken, Theater spielen,
- Rücksicht auf andere Kinder nehmen, nicht nur für sich selbst sorgen,
- freie Zeit mit den beim Haus vorhandenen Spielmöglichkeiten nutzen lernen,
- für die Gemeinschaft ein Amt übernehmen und gewissenhaft erledigen,
- viel Spaß und Freude gemeinsam mit den anderen Kindern, den Lehrkräften und den anwesenden Eltern haben.

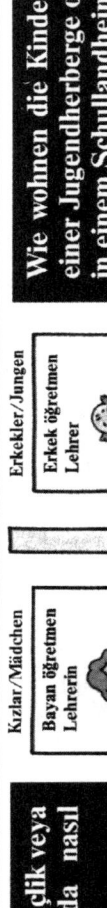

Wie wohnen die Kinder in einer Jugendherberge oder in einem Schullandheim?

Die Schlafräume sind für Jungen und Mädchen immer getrennt, ebenfalls die Waschräume.

Die weibliche Begleitperson schläft in der Nähe der Mädchenschlafräume; die männliche Begleitperson schläft in der Nähe der Jungenschlafräume, sie kontrollieren und helfen.

Erkekler/Jungen — Erkek öğretmen Lehrer — Banyo/Bad — Erkekler/Jungen

Kızlar/Mädchen — Bayan öğretmen Lehrerin — Banyo/Bad — Kızlar/Mädchen

Öğrenciler, bir gençlik veya bir okul yurdunda nasıl kalırlar?

Oğlanların ve kızların odaları, el, yüz yıkama yerleri de hep ayrıdır.

Bayan öğretmen, kızların yanında, erkek öğretmen de erkek öğrencilerle birlikte kalır, yardım ve kontrol eder.

aus: Schule und Elternhaus. Rheinischer Sparkassen- und Giroverband

Die Bezeichnung „Schulveranstaltung" bei Schulwanderungen und -fahrten bedeutet für die Kinder, dass sie gesetzlich gegen Unfälle versichert sind. Darum muss eine Wanderung vorab als Schulveranstaltung von der Schulleitung schriftlich genehmigt werden. Für die Leiterin und die Begleiter ist eine Dienstreisegenehmigung einzuholen. Haben Schulleiter oder Schulleiterin selbst die Verantwortung für die Veranstaltung, so beantragen sie die Genehmigung bei der Schulaufsichtsbehörde. Die Prüfkriterien:

● Wird die Veranstaltung mit ihren Zielen und der Art ihrer Durchführung dem Bildungs- und Erziehungsauftrag der Grundschule gerecht?
● Wird der von der Schulkonferenz festgelegte Veranstaltungsrahmen beachtet?
● Ist die Finanzierung gesichert?

Gemeinsame Arbeit am Schulprogramm

Aus der aktuellen Diskussion über den Begriff und den Wert von Schulprogrammen ergibt sich:

● Mit dem Schulprogramm konkretisiert die einzelne Grundschule ihre Erziehungs- und Bildungsbemühungen im Rahmen der allgemeinen Leistungspflicht (vor allem der Richtlinien und Lehrpläne).
● Am Schulprogramm wird erkennbar, worauf eine Schule besonderen Wert legt und wo sie sich besonders engagiert.
● Bei der Entwicklung des Schulprogramms nutzt die Schule ihren Freiraum im Sinne einer lernenden und sich entwickelnden Organisation ohne die bindenden Standards des Staates außer Kraft zu setzen.
● Das Schulprogramm zeigt nicht nur, was traditionell in der betreffenden Grundschule gemacht wird, sondern enthält auch Entwicklungsperspektiven und noch nicht realisierte Vorstellungen.
● Das Schulprogramm stellt mehr dar als ein profiliertes Schulkonzept, da es Punkte zur aktiven Weitergestaltung enthält, um die pädagogische Wirkung zu verstärken. Es gibt somit Antworten auf die Fragen: *Wohin wollen wir eigentlich und wie können wir das an unserer Schule erreichen?*
● Ein Schulprogramm im Sinne von „Haus des Lernens" bedeutet, dass die Schule insbesondere den Kindern individuell gerecht werden will. Sie betont die Formen selbstgesteuerten und selbstverantworteten Lernens, ohne das soziale Lernen zu vernachlässigen.
● Das Schulprogramm dient auch als Grundlage interner Überprüfung. Es ist Grundlage der Evaluation und Rechenschaftslegung.

- Beim Schulprogramm geht es nicht darum, die Eltern an den ureigensten professionellen Aufgaben und Problemstellungen der Lehrkräfte mitarbeiten zu lassen. Eltern haben aber, das wünscht der Gesetzgeber auch ausdrücklich, das Recht, bei der Formulierung von Grundsätzen zum pädagogischen Geschehen an der Schule sowie bei der Auswahl von Inhalten für den Unterricht mitzuwirken.
- Bei der Arbeit am Schulprogramm ist erwünscht, dass Eltern ihre eigenständige Sicht der Kinder und ihrer Probleme in die Gemeinschaft mit den Lehrkräften der Grundschule einbringen. Ihre Sichtweise, die die Perspektive der Lehrerinnen und Lehrer ergänzt, bietet die Möglichkeit, ein umfassenderes und zutreffenderes Bild der Lebenssituation und Sozialisation der Kinder zu erhalten. Das trägt mit dazu bei, dass Lernprozesse adressatengerechter initiiert werden und kindgerechter gelernt werden kann.
- Probleme der Kinder können mit den Eltern gemeinsam besser angegangen und bewältigt werden. Durch die stärkere Einbeziehung der Eltern in die Schularbeit fühlen sie sich in ihrer erzieherischen Verantwortung ernst genommen und gefordert (vgl. BURKHARD/EIKENBUSCH 2000, 38).

Erfolgreiche Schulentwicklung als selbstreflexive Organisation

Motivierende, initiierende, fachliche kompetente Schulleitung

Richtlinien und Lehrpläne und schulrechtliche Rahmenbedingungen

Teamfähiges, für gemeinsames Lernen geöffnetes Kollegium

Zentrale Faktoren

Beratungshilfe durch die Schulaufsicht

Schulfreundliche Träger

Zeit

Unterstützende, aufgeschlossen mitarbeitende Eltern

Leistungsfähige und von Lehrkräften und Eltern akzeptierte Steuerungsgruppe

● Bei den zentralen Aufgaben der Arbeit am Schulprogramm sollte eine Steuergruppe eingerichtet werden, die aus Eltern und Lehrkräften besteht.

Überlegungen zur Gestaltung von Schulentwicklungsprozessen an Einzelschulen werden gegenwärtig vorwiegend bestimmt von dem an die Organisationsentwicklung angelehnten ISP-Modell/SchUB-Modell (Institutionalisierter Schulentwicklungsprozess, -programm/Schulberatungsmodell) sowie der eher schulpädagogisch-didaktisch orientierten „Pädagogischen Schulentwicklung" (PSE). In diesem Modell stellt die Förderung einer neuen Lernkultur, verbunden mit vielfältigen Methoden zur Unterstützung eigenverantwortlichen Lernens der Schüler den Kern dar.

Der Erlass zur Entwicklung von Schulprogrammen in Nordrhein-Westfalen vom Juni 1997 forderte Schulen auf, bis zum Jahr 2000 individuelle Schulprogramme zu entwickeln. Sie sollen Reflexionen und Maßnahmen im Hinblick auf erzieherischen Konsens, schuleigene Lehrpläne, moderne Didaktik und Methodik, Beratung der Schüler und außerschulische Kooperation, Gestaltung und Öffnung von Schule, internationale Kontakte, Umsetzungspläne und Evaluation enthalten. Der ISP wie auch der PSE liegt die gemeinsame Zielsetzung zu Grunde, Schule bestmöglich zu entwickeln und ihre pädagogische Wirksamkeit optimal zu steigern.

Selbstevaluation

Zunächst geht es um Analyse des Vorhandenen, die sog. Selbstevaluation, d.h., was an Praxis, an Vorstellungen und Aktivitäten selbstverständlich geworden ist. Es werden praktische Erfahrungen aus dem Unterricht, dem Schulleben sowie aus der Zusammenarbeit mit den Eltern festgehalten:

● zum *Schulanfang* (Vorbereitung der Kinder, erste Elternkontakte, Hospitation im Kindergarten, Einschulungsfeier, Gestaltung der ersten Schulwochen)
● zum *Unterricht* (offener Beginn, Morgenkreis, Anfangsunterricht, Fördermaßnahmen, Freie Arbeit, Wochenplanarbeit, Klassenraumgestaltung)
● zu *Festen und Feiern* (jahreszeitliche Feste, Weihnachtsfeier, Karnevalsfeier, Schulaufnahme- und -entlassfeier, Gottesdienst, Sportfest)
● zum *Besuch außerschulischer Lernorte* (Besuche von Betrieben und Einrichtungen, ein Gang mit dem Förster durch den Wald, Schullandheim-Aufenthalt, Wanderungen, Klassenfahrten)

● zu Formen der Zusammenarbeit mit den Erziehungsberechtigten und Erfahrungen auf diesem Gebiet
● zu *Kooperationspartnern* (Kindergarten, Beratungsstellen, Kirchengemeinde, weiterführenden Schulen, Sonderschulen)
● zur *kollegialen Kooperation* (Gestaltung der Konferenzen, kollegiale Beratung, Erstellen von Lernplänen, Ausflüge, Ausbildung von LAA)

Bei der ersten Phase der Erarbeitung eines Schulprogramms spielt die Erkenntnis aus den Erfahrungen mit der Organisationsentwicklung hinein: Nur wenn die Beteiligten selbst von der Notwendigkeit und vom Sinn einer Ist-Analyse als Ausgang von Veränderungen überzeugt sind, gelingt der Prozess. Dieser erste Schritt – mit nicht zu aufwändigen Analysemethoden – versucht, die Frage zu beantworten: Wer sind wir?

Wenn hierbei die Identifizierung von Lehrkräften und Eltern mit der eigenen Schule bewusster wird, so stärkt das die Motivation für die nächsten Schritte. Eine Steuergruppe, zusammengesetzt aus Lehrkräften und Eltern, bereitet die einzelnen Schritte vor, sorgt für den notwendigen Informationsaustausch, bereitet die Zwischenergebnisse auf.

Wichtig ist, nicht alles auf einmal machen zu wollen. Die bewusste Beschränkung auf einen oder wenige überschaubare Punkte überfordert die Grundschule nicht.

● Mit der Frage: Was wollen wir? wird zunächst nach gemeinsamen Kriterien und Standards gesucht, die zu Zielvorstellungen für die Weiterentwicklung führen können. Eine sog. Stärken-Schwächen-Analyse, bezogen auf Unterricht und auf Schulleben mit seinen unterschiedlich ausgeprägten Gegebenheiten und Aktivitäten, kann hier helfen. Im Sinne der Weiterentwicklung von Schule durch Besinnen auf moderneren Unterricht stehen hier z.b. eigene Praxisbeispiele und Vorstellungen von offensichtlich gut gelungenem Unterricht im Mittelpunkt. Diese werden verglichen und im Hinblick auf potenzielle generelle Möglichkeiten zur Verbesserung von Unterricht an der Schule reflektiert. Auch Phasen des Trainings zum Erwerb von Kompetenzen auf dem Gebiet schülerorientierterer Methoden können hier gut eingeplant werden. Zum Thema Elternarbeit können die guten Erfahrungen anderer Schulen ermittelt und ggf. als Anregungen für die eigene Schule vorgeschlagen werden. Vielleicht kann auch ein Referent von außen Impulse für Perspektiven einer wirksameren Elternarbeit vermitteln?
● Neue, gut begründete und von Lehrkräften und Eltern für sinnvoll gehaltene Ansätze und Schritte werden geplant, als Perspektiven festgehalten und nach und nach durchgeführt und ausgewertet. Dazu ist es erforder-

lich, sich mit den aktuellen gesellschaftlichen Gegebenheiten und Problemen vertraut zu machen. Danach sollte geschaut werden, ob die ermittelten Trends auch für die Familien im Einzugsbereich der Schule zutreffen. Nun könnte evtl. ein übergreifendes Thema das ganze Grundschulkollegium motivieren, sich „auf den Weg zu machen". Beispiele:

- Neue Methoden und Formen des Lernens im Unterricht
- Unsere Schule auf dem Weg zu einer gesunden Schule
- Suchtprävention als pädagogische Aufgabe der Grundschule
- Verbesserung der Beziehungen zu unseren ausländischen Mitbürgern
- Zusammenarbeit mit Eltern intensivieren
- Eine Redaktionsgruppe hält schriftlich den aktuellen Stand fest. Die Lehrkräfte nehmen in ihrem Beschlussorgan (Lehrerkonferenz) und die Eltern ebenso in ihrem Beschlussorgan (Schulpflegschaft) Stellung zum Entwurf. Die Redaktionsgruppe nimmt die Veränderungswünsche auf, arbeitet sie ein und legt den Text dann der Schulkonferenz zur Genehmigung vor.

Die Frage des Leitbildes

In einem Vorspann zum Schulprogramm gibt die einzelne Grundschule Auskunft darüber, was ihre ethisch-sozialen Grundwerte sind und von welchem Menschenbild sie sich insgesamt leiten lassen will. Wie kommt die Schule zu solchen Aussagen? Im Verlaufe der Arbeit am Schulprogramm ergibt sich meistens ein Grundkonsens der Beteiligten über die leitenden Maßstäbe für die Erziehungs- und Bildungsarbeit an dieser Schule. Dabei ist es Sache der Lehrkräfte, das wesentliche Gedankengut der Richtlinien für die Grundschule mit einzubeziehen. Das Leitbild besteht aus Richtzielen, die Gültigkeit haben für die ganze Schule mit den hier stattfindenden unterrichtlichen, außerunterrichtlichen Aktivitäten sowie dem hier vorhandenen Schulleben. Es sichert Entscheidungsmaßstäbe und bildet die Grundlage für Prioritätenentscheidungen. Die Eltern müssen bei der Formulierung unbedingt mit einbezogen werden. Sie bringen nämlich aus ihrer Sicht von gesellschaftlichen, beruflichen und familiären Zusammenhängen wichtige Ergänzungen evtl. auch Korrekturen ein. Es ist sehr bedeutsam für die weitere Zusammenarbeit mit den Eltern, wenn zumindest auf dieser Abstraktionsebene schulischer Intentionen Konsens erreicht wird.

Durch das Leitbild erhält das Schulprogramm Perspektiven, die für alle seine Programmelemente für eine bestimmte Zeit gültig ausformuliert sind und eine Entwicklungsrichtung angeben.

Hinweise und Tipps zur Mitarbeit von Eltern

Bei der Bestandsaufnahme bzw. Analyse der Ausgangssituation sollten Sie – wie bereits angedeutet – eine kleine Arbeitsgruppe bilden, die aus Lehrkräften und Eltern besteht. Ihre Aufgabe wäre, sich mit der Qualitätsfeststellung bezüglich der Elternarbeit an der Schule zu beschäftigen. Eine qualitativ gut arbeitende Grundschule lässt sich daran erkennen, dass sie den vom Gesetzgeber erteilten Auftrag in Verbindung mit den curricularen Grundlagen (Richtlinien und Lehrpläne) und unter Berücksichtigung der lebensweltlichen Realitäten der betreffenden Kinder und ihrer Familien erfüllt. Als Kriterien zur Qualitätsfeststellung von Elternarbeit eignen sich die Punkte

- Strukturqualität
- Prozessqualität
- Ergebnisqualität

Bei der *Strukturqualität* prüft die Arbeitsgruppe die derzeitigen Rahmenbedingungen im Hinblick auf Elternarbeit. Zu den Rahmenbedingungen gehört die rechtliche Grundlage (Ziele der Mitwirkung von Erziehungsberechtigten, Formen der Mitwirkung und Gremien, Themen und Inhalte, Elternrechte und Elternpflichten, Schulpflicht u.a.m.).

Hinzu kommen auch personale Aspekte, wie z.B. die Zusammensetzung der Elterngruppen (u.a. Anteil und Nationalität ausländischer Eltern), das generelle Interesse der Eltern an der Schule sowie ihre Bereitschaft zur aktiven Mitarbeit in unterschiedlichen schulischen Zusammenhängen. Ergänzend dazu käme die Komponente: Wie ist es mit der eigenen Einstellung der Lehrerinnen und Lehrer zur Zusammenarbeit mit Eltern? Wie steht es mit dem Bemühen um ein partnerschaftliches Miteinander? Gibt es eine gemeinsame Rahmenbedingung für den Umgang miteinander, die für Eltern auch wirklich den entsprechenden Raum zum Mitwirken und Mitarbeiten in der Schule zulässt?

Bitte auch die Frage nach den Räumen stellen, in denen mit Eltern zusammen gearbeitet und beraten wird. Gibt es z.B. ein Elternsprechzimmer, in dem ungestört und in gastfreundlicher Atmosphäre Gespräche stattfinden können? Steht ein Raum mit entsprechendem Gestühl für eine große Elterngruppe zur Verfügung?

Sie müssen auch den Faktor Zeit sehen, der wesentlich ist für das Gelingen der Zusammenarbeit. Gemeint ist Zeit zum Gedankenaustausch, zur Arbeit an Erziehungsfragen, für Beratung, zur Mitarbeit am Schulprogramm u.a.m.

Bei der *Prozessqualität* geht es um das Wie der Zusammenarbeit, d.h. die Interaktionsformen zwischen den Lehrkräften und den Eltern. Hier spielt natürlich die im Leitbild der Schule (als Teil des Schulprogramms) ausgewiesene Vorstellung einer partnerschaftlichen Kooperation mit den Eltern hinein. Diese bietet die Grundorientierung für die Gestaltung der Beziehungsebene, die Abfassung von Arbeitsprinzipien und Verhaltensregeln. Hier stehen also die generellen Vorstellungen, Werte und Überzeugungen. Die vielen unterschiedlichen (s. die anderen Themenfelder) Arbeitsmöglichkeiten in den Mitwirkungsgremien der Schule, aber auch die Gespräche, die Beratungen, die Mitarbeit bei Schulfesten, bei den verschiedenen schulischen Veranstaltungen bedingen Beziehungen unterschiedlicher Qualität.

Weitere Leitfragen können z.B. lauten:

- Wie oft treffen sich die einzelnen Mitwirkungsgremien an unserer Schule?
- Wie werden die Erwartungen und Wünsche der Eltern an die Schule und an die Kooperation erfasst (z.B. bei der Klassenpflegschaft, bei der Schulpflegschaft) und wie wird damit umgegangen?
- Wie sieht es mit Kritiken und Anregungen der Eltern aus, die sich in Einzelgesprächen mit den Lehrkräften ergeben?
- Was ist gängige Praxis, um die Eltern gründlich und gut verständlich über aktuelle Anliegen der betreffenden Klasse und der Schule zu informieren?
- Wie wird die Erziehungs- und Bildungsarbeit mit den Kindern den Eltern transparent gemacht, wie wird sie dokumentiert?
- Gibt es ein schwarzes Brett für Eltern in der Schule, um Aktuelles und für Eltern Interessantes publik zu machen?
- Bei welchen Aktivitäten macht die Zusammenarbeit von Eltern und Lehrkräften besonders Freude?
- Welche Art der Zusammenarbeit wirkt sich deutlich stärkend auf das lebendige Miteinander aus?

Bei der *Ergebnisqualität* geht es im Kern um die Frage: Was kam bei der bisherigen Zusammenarbeit mit den Eltern heraus? Diese schlichte Frage gilt es jetzt zu beantworten. Es wäre ein utopisches Unterfangen, wenn die Arbeitsgruppe sich bei dieser Aufgabe das Ziel setzt, objektiv gesicherte Daten zu ermitteln. Hierzu müssten viele strukturierte Interviews geführt und ausgewertet werden. Es handelt sich vielmehr um die Einschätzung eines Trends. Das reicht auch als Basis für die Entwicklung von Perspektiven zur Verbesserung von „Ergebnissen" aus.

Es gibt einige Anhaltspunkte, um Aussagen zur Ergebnisqualität machen zu können. Da ist zunächst der wichtige Punkt, dass die vom Gesetzgeber vorgegebenen Rahmenbedingungen ausgefüllt werden und die notwendige Zusammenarbeit akzeptiert wird und wie sich die Akzeptanz ausprägt. So wäre zu bedenken, ob sich die Wirkung einer gelingenden Kooperation z.B. darin zeigt, dass die Mehrzahl der Eltern gern in die Schule kommt, um hier mitzuwirken und mitzuarbeiten, ja sich in der Schule willkommen fühlt. Das Kind steht im Mittelpunkt bei allen gemeinsamen Bemühungen. Also wäre es demnach auch notwendig, darüber nachzudenken, was die Elternarbeit für die Kinder bringt, was sie für die Kinder erreicht hat.

Beispiel: Abstimmen von pädagogischen Grundsätzen

Für das Erstellen des Leitbildes an Ihrer Grundschule möchten Sie wichtige Grundsätze im Einverständnis mit den Eltern abklären. Sie könnten als Lehrkräfte ein Thesenpapier mit Ihnen wichtig erscheinenden Punkten formulieren. Dies geben Sie in die Klassenpflegschaften und dann in die Schulpflegschaft und bitten darum, die Thesen zu diskutieren im Hinblick auf die Fragen: Halten Sie diese Punkte auch für wichtig? Welche Aspekte fehlen noch? Müssen einige Sätze evtl. das genannte Anliegen deutlicher ausdrücken? Eine Redaktionsgruppe kann dann eine vorläufige Endfassung zur Vorlage für das Entscheidungsgremium der Schule vorbereiten.

Hier ein Beispiel für ein solches Thesenpapier, das auf Konsens mit den Eltern geprüft und mit den erzielten Konsensergebnissen als ein Element mit in das „Leitbild der Schule" aufgenommen werden könnte (vgl. hierzu auch BURKARD/EIKENBUSCH 2000, 40 f.):

Welche Grundsätze in Erziehungsfragen halten Sie für besonders wichtig? Kreuzen Sie bitte bis zu 5 Aussagen an.

- Alle Kinder brauchen viel Liebe, Zuwendung und Verständnis durch die Lehrerinnen und Lehrer.
- Alle Kinder sollen zu Lernerfolgen kommen können.
- Die Schülerinnen und Schüler sollen möglichst früh zum selbstständigen und kooperativen Lernen und Handeln erzogen werden.
- Der Unterricht muss die Kinder fördern und fordern.
- Die Kinder müssen lernen, auf andere Kinder Rücksicht zu nehmen und eigene Ansprüche zurückzustellen.
- Die Schule ist nicht nur Lern- und Unterrichtsstätte, sondern auch ein wichtiger Lebensort für die Kinder.
- Konfliktfälle der Kinder werden in der Klasse unter Leitung der Lehrkraft möglichst umgehend und konstruktiv bearbeitet.

- Soziales Fehlverhalten sollte stets angemessen von den Lehrkräften geahndet werden.
- Jedes Kind bekommt, wenn es den Lehrerinnen und Lehrern erforderlich erscheint, individuelle Hilfe und Förderung.
- Kriterien zur Beurteilung und Bewertung von Schülerleistungen werden Kindern und Erziehungsberechtigten transparent gemacht.
- Hausaufgaben werden klar gestellt, gewissenhaft und vollständig erledigt und von der Lehrkraft kontrolliert und korrigiert.
- Die Kinder werden auf schriftliche Leistungsanforderungen (Klassenarbeiten) gut vorbereitet.

Erfassen der Elternzufriedenheit

Mit Hilfe der folgenden Kreisgrafik können Sie die Eltern befragen, wie sie mit bestimmten Teilbereichen Ihrer schulischen Arbeit zufrieden sind. Sie geben den anwesenden Eltern je eine Scheibe und bitten sie darum, jeden einzelnen Teilbereich anzukreuzen. Je näher sie das Kreuzchen in Richtung der Scheibenmitte plazieren, um so positiver fällt die Bewertung des Bereichs aus.

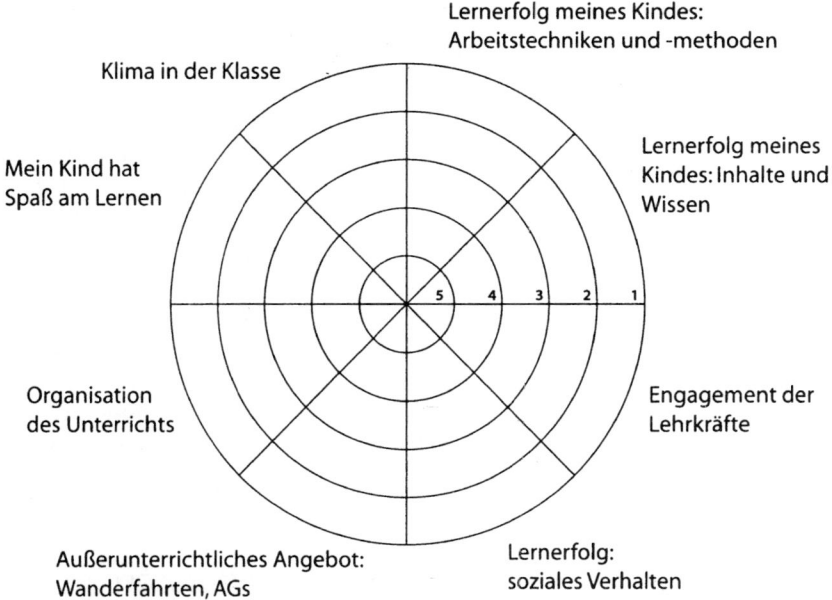

Aus: BURKARD/EIKENBUSCH: Praxishandbuch Evaluation in der Schule.
Cornelson Scriptor 2000, S. 42

Zur Auswertung schneiden Sie sich aus Karton eine im Durchmesser etwa 80 cm große Kreisscheibe und zeichnen hier die Kreisringe mit den Kategorien ein. Sie übertragen nun die Bewertungen der Eltern. Diese werden besonders gut sichtbar, auch in ihrer Häufigkeit, wenn Sie hierfür farbige Klebepunkte verwenden.

Sie diskutieren mit den Eltern das Gesamtergebnis und greifen vor allem die Bereiche heraus, bei denen sie gemeinsam positive Veränderungen anstreben sollten.

Außer den Wirkungen der Zusammenarbeit mit den Eltern in der Schule, sollte nach den Wirkungen und Auswirkungen dieser Kooperation im Elternhaus gefragt werden, z.B. so:

● Hat die Zusammenarbeit mit der Schule zur Bereicherung des Familienlebens beigetragen?
● Bei welchen Themen war das der Fall?
● Wie zeigten sich die Auswirkungen konkret?

Beim kritischen Reflektieren unmittelbarer Mitarbeit von Eltern z.B. bei einem Projekt oder beim Besuch eines Handwerksmeisters, der Vater eines Schülers der Grundschule ist, könnte ermittelt werden:

● Was haben die Kinder speziell hierbei gelernt und erkannt, was ohne die Kooperation nicht möglich gewesen wäre?
● Welche *langfristigen* Wirkungen hat die Zusammenarbeit für die Eltern, die Kinder, die Lehrkräfte im Rückblick mit sich gebracht? Diese Frage wird sinnvollerweise den Eltern erst am Ende der Grundschulzeit ihres Kindes gestellt.

Den folgenden Grundsatz sollten Sie besonders beachten: Die Qualitätsprüfungen dürfen nicht zur Bewertung von Eltern und Lehrkräften herangezogen werden. Die Qualität von Personen steht nicht im Mittelpunkt, sondern die Qualität von gemeinsamen Tätigkeiten, Prozessen, Reflexionen und offensichtlichen Auswirkungen bzw. Ergebnissen der Kooperation.
Alle Qualitätsprüfungen dienen dazu, herauszufinden, was gemeinsam noch besser gemacht werden kann.

Eltern im Unterricht und bei Veranstaltungen

Die Kinder erleben die Anwesenheit von Eltern im Unterricht als Wertschätzung der gemeinsamen Arbeit mit ihrer Lehrerin bzw. mit ihrem Lehrer. Sie finden das spannend und aufregend und sie sehen: Mütter und Väter setzen sich für uns unmittelbar ein. Sie haben ein Interesse, dass wir alle möglichst viel lernen. Da es am Vormittag eigentlich nur selten langweilig bei uns ist, können sie eine Menge bei uns sehen und erleben. Da für die meisten Eltern die eigene Schulzeit recht lange zurückliegt, wollen sie gerne erfahren,

● wie heute unterrichtet wird,
● wie Grundlagenwissen und grundlegende Fähigkeiten vermittelt werden,
● welcher Erziehungsstil und welche Kommunikationsformen heute praktiziert werden,
● wie Freie Arbeit abläuft usw.

Die Eltern erleben auch ihr Kind in der Gruppe der Gleichaltrigen beim zielorientierten Lernen. Das ist eine ganz andere Situation als zu Hause. Sie sind evtl. überrascht, wie gut sich ihr Kind in der Schule verhält und wie aktiv es bei der Sache ist.

Erziehungsberechtigte missverstehen einen solchen Unterrichtsbesuch, wenn sie ihn als Kontrollmöglichkeit auffassen, die dazu dient, festzustellen, ob es ihrem Kind auch in der Schule gut geht und was vielleicht im Unterricht nicht leistungsorientiert genug läuft. Es geht vielmehr darum, Einsicht zu gewinnen in den Unterrichtsalltag der Schulklasse, zu der auch ihr Kind gehört. Das komplexe Gefüge von Unterricht und Beziehungsgestaltung können sie unmittelbar miterleben. Durch dieses konkrete Bild vom Alltag schulischer Lernprozesse und vom Umgang von Lehrkräften und Kindern miteinander erhalten sie vielleicht Anregungen für die eigene familiale Erziehungspraxis. Sie sind auch mit einem neuen Verständnis der beruflichen Tätigkeit der Lehrer eher bereit, deren pädagogische Arbeit in der Schule zu stützen. Ihre Bereitschaft zu weiterer Zusammenarbeit wächst.

Vorbereitung eines Unterrichtsbesuches von Eltern

Eine Lehrerin sagt: *„Bei der Vorbereitung auf den Elternbesuch in meiner Klasse mache ich mir auch Gedanken, wie und wo ich die Eltern in die Unterrichtsarbeit einbeziehen kann. So kommen sie erst gar nicht auf den Gedanken, Kontrolleure zu sein."*

Voraussetzung für eine sinnvolle Teilnahme der Eltern am Unterricht ist, dass sie eine kurze, gut verständliche Einführung in den Unterricht, den sie sehen werden, erhalten (Ziele, Themen, Verlaufsformen) und sich nachher mit der betreffenden Lehrkraft über das Gesehene und Erlebte austauschen können.

Durch die Aussprache und die Rückfragen der Eltern erhalten die Lehrkräfte ggf. auch Impulse zum Überdenken Ihrer Anforderungen an die Leistungsfähigkeit der Kinder. Sie bekommen evtl. ergänzende Hinweise zu ihrer Art zu unterrichten, die ihnen helfen kann, das einzelne Kind ganzheitlicher in seiner Persönlichkeit zu sehen.

Schauen einzelne Mütter oder Väter bei Phasen Freier Arbeit zu, erhalten sie Einblicke in die Anforderungen dieser Form und ihren Ablauf. Sie können die unterschiedlichen Interessen der Kinder und ihre Motivation erkennen. Auch das Gruppengefüge mit den Rollen der Kinder ist aufschlussreich für sie. Warum sollen nicht einzelne Eltern hierbei – zurückhaltend – mitmachen, wenn ein Kind sie darum bittet?

Nun kann aber nicht verschwiegen werden, dass die Teilnahme von Eltern am eigenen Unterricht nicht von allen Lehrkräften als willkommene Informationschance betrachtet wird. Sie lassen diese Form der Zusammenarbeit nur ungerne zu. Sie führen als Argumente an:

- *„Ich fühle mich durch die anwesenden Eltern verunsichert und stark beobachtet."*
- *„Die Eltern bekommen bei ihrer Hospitation nicht den realistischen Alltag zu sehen, weil dann der Unterricht besonders gut vorbereitet wird."*
- *„Einzelne Kinder sind gehemmter als sonst."*
- *„Manche Eltern wollen bei mir doch nur entdecken, was sie nicht in Ordnung finden. Sie wollen ihr Vorurteil bestätigt bekommen und dann darüber allen berichten."*

Natürlich beeinflusst die Anwesenheit von Eltern alle am Unterrichtsgeschehen Beteiligten. Das ist auch beim Hospitieren von Lehramtsanwärtern der Fall. Die Erfahrung zeigt aber, dass eine negative Grundeinstellung sich nur durch die gründliche Aussprache mit den Eltern bei einer Klassenpflegschaftssitzung und durch das Ausprobieren verändern lässt. Sich mit seinem Unterricht Laien zu öffnen, bedarf des gegenseitigen Vertrauens und Verständnisses. Nicht alle Stunden, Fächer und Unterrichtszeiten sind für Unterrichtsbesuche geeignet. Und die Eltern kommen nur mit Zustimmung der Lehrkräfte in deren Unterricht. Sie können aber nicht gänzlich von der Teilnahme am Unterricht, den ihr Kind besucht, ausgeschlossen werden. Der Gesetzgeber spricht ihnen ausdrücklich ein Anrecht hierauf zu. Zudem erwacht manchmal aus solchen Unterrichtsbesuchen das Interesse einzelner Mütter und Väter, in bestimmten Bereichen des Unterrichts und der Schule einmal mitzuarbeiten.

Hinweise und Tipps

● Laden Sie die Eltern nicht zu früh nach der Bildung einer neuen Klasse oder zu kurz nach den großen Ferien zu einem Besuch Ihres Unterrichts ein. Er ist erst dann sinnvoll, wenn die Kinder sich mit Ihnen zusammen als Lerngemeinschaft gefunden bzw. wieder gefunden haben und die Gruppenregeln wie selbstverständlich eingehalten werden. Sie fühlen sich selbst dann auch wohler.

● Ein günstiger Termin auf das Angebot zum Unterrichtsbesuch hinzuweisen, ist der erste Elternabend, die erste Klassenpflegschaftssitzung. Sie sprechen hier nicht nur die Einladung aus, klären ab, wer wann einen von Ihnen vorgeschlagenen Termin wahrnehmen möchte, sondern sagen auch, was das generelle Anliegen solcher Besuche ausmacht. Da Sie für den Unterricht zuständig sind, erläutern Sie auch, zu welcher Unterrichtszeit und wie lange Ihnen ein Besuch willkommen ist.

● Bitte keine „Schaustunde" bieten. Sie vermitteln den Eltern sonst ein falsches Bild vom pädagogischen Alltag. Es muss aber auch nicht eine reine Übungseinheit sein!

● Die Besuchsgruppe der Eltern halten Sie klein. Fünf oder sechs Personen sind die Grenze. Sonst ist der Unterricht zu stark fremdbestimmt und die Aussprache nachher erschwert.

● Auch die Kinder müssen Sie auf den Besuch einzelner Eltern oder einer kleinen Elterngruppe vorbereiten. So können Sie vermeiden, dass zurückhaltende, scheue Kinder sich noch weniger als sonst bei der Mitarbeit zutrauen und die selbstbewussten sich zeigen wollen.

● Stellen Sie für die Eltern die entsprechende Anzahl an „großen" Stühlen bereit. Als gute Beobachtungsplätze gelten die Seitenwand und der hintere Teil des Klassenraumes. So werden die Kinder nicht dauernd abgelenkt, und die Erwachsenen fühlen sich nicht auf dem „Präsentierteller".

● Am betreffenden Tag erläutern Sie den Eltern kurz und verständlich, was Sie mit den Kindern vorhaben (Ziele/Themen) und ggf. die besondere Sozial- bzw. Arbeitsform. Sie tragen zum Entkrampfen der Situation für Kinder wie für die Eltern und für sich selbst bei, wenn Sie diese Vorab-Information im Beisein Ihrer Schülerinnen und Schüler geben.

● Wenn Eltern z.B. nur Phasen Freier Arbeit beobachten können, haben sie keine Gelegenheit, die Zusammenarbeit im Klassenverband mitzubekommen. Gerade hier können sie Aufschlüsse über das Zusammenleben insgesamt und die Art der Lernprozessgestaltung und -steuerung gewinnen. Es bietet sich daher eine Mischung der Sozial- und Arbeitsformen an.

Mitarbeit von Eltern im Unterricht und bei Veranstaltungen

Die Gesamtverantwortung für die Planung und Durchführung des Unterrichts bleibt bei den Lehrkräften, auch wenn Eltern in für sie geeigneten Unterrichtsbereichen phasenweise mitarbeiten. Das gilt vergleichsweise bei außerunterrichtlichen Veranstaltungen. Ob und wie diese Form des Zusammenwirkens verwirklicht wird, liegt im Ermessen der Lehrkräfte. Sind sie bereit und aufgeschlossen, Erziehungsberechtigte in Teilen des Unterrichts mitwirken zu lassen, so ist das zunächst ein Thema für den Elternabend. Hier sollten Anliegen und Chancen der Mitwirkung im Sinne der Kinder besprochen werden. Die Klassenpflegschaft ist dann auch das Mitwirkungsorgan, das einer möglichen Mitwirkung von Eltern im Unterricht zustimmen muss. Auch die Schulleitung wird um Genehmigung gebeten. Ein eigenes Gesundheitszeugnis für die im Unterricht mitagierenden Eltern muss nicht eingeholt werden. Während des Elternabends können sich dann die Eltern bei den auf einer Liste aufgeführten Aktivitäten eintragen.

Hinweise und Tipps

Es darf nicht der Eindruck entstehen, als ob die betreffenden Mütter oder Väter „unterrichteten", vielleicht sogar konkurrierend mit den Lehrkräften. Sie übernehmen vielmehr Hilfsfunktionen!
Eine Mitarbeit von Müttern und Vätern im Unterricht ist gut denkbar

- bei Übungsphasen. So könnten z.b. „Lesemütter" im Anfangsunterricht Sprache mitwirken und eine Gruppe beim „Wörterlotto" betreuen; im Mathematikunterricht helfen sie z.b. beim Üben von Addition oder Multiplikation; sie sehen Übungsblätter durch; sie lesen einer Gruppe etwas vor, sehen sich gemeinsam die Bilder im Buch an und unterhalten sich darüber; sie helfen mit bei bestimmten Rechtschreibübungen;
- im Kunstunterricht. Sie begleiten und beaufsichtigen z.b. die Bastelarbeiten oder Malversuche einer Gruppe von Kindern;
- bei Phasen Freier Arbeit. Sie unterstützen eine Kindergruppe auf dem Flur. Durch ihr Mittun ermutigen sie evtl. einzelne Kinder weiterzumachen oder ein Spiel zu Ende zu bringen;
- im Förderunterricht. Sie helfen der Lehrkraft, dass diese sich intensiv den nicht so leistungsstarken Kindern zuwenden kann, indem sie sich während dieser Zeit um eine andere Gruppe kümmern;
- im Sportunterricht. Sie übernehmen z.b. die Verantwortung an der Sprunggrube, während die übrigen Kinder mit ihrer Lehrkraft den 50m–Lauf trainieren.

Bei Unterrichtsgängen helfen Eltern bei der Aufsicht oder betreuen eine Gruppe:

● Die Kinder der ersten Schuljahre erkunden mit ihrer Lehrerin die große Kreuzung auf ihrem Schulweg und erkennen konkrete Gefahrenstellen an Ort und Stelle.

● Ein Lehrer geht mit seiner Klasse in die Backstube einer Bäckerei, um den im Sachbuch beschriebenen Produktionsprozess vom Mehl zum Brot aus nächster Nähe zu erfahren.

● Eine Klasse macht sich auf zum Wochenmarkt, um die Vielfalt und Frische des Warenangebots direkt wahrzunehmen und im Unterricht zu besprechen.

● Eine Klasse wandert zum nahegelegenen Wasserwerk oder zur Kläranlage und befasst sich so ganz konkret mit Fragen der Versorgung bzw. Entsorgung.

● Die Kinder suchen die Stadtbibliothek auf und werden dort mit dem Ausleihsystem vertraut gemacht.

● Frühlingsblumen in den Nachbargärten der Schule werden während eines Unterrichtsganges beobachtet und bestimmt.

● Das in der Nachbargemeinde befindliche Heimatmuseum wird besucht, um bei den Kindern auf diese Weise geschichtliches Bewusstsein anzubahnen.

● Ein Unterrichtsgang führt in den Wald, wo der Förster an Ort und Stelle wichtige Hinweise zum Anbringen der selbst gebauten Nistkästen gibt.

● Während der Radfahrausbildung lernen die Kinder die Gefahren im Straßenverkehr vor Ort kennen. Die Polizei hilft hierbei.

● Eine Wanderung führt die Kinder zur Molkerei. Hier können sie u.a. direkt fragen, wie ihr Schulkakao entsteht.

● Eine kurze Busfahrt führt die Kinder der vierten Schuljahre zur Freilichtbühne in die Nachbarstadt, wo sie ein Theaterstück für Kinder miterleben.

Literatur

ARBEITSKREIS NEUE ERZIEHUNG e. V.: Elternbriefe. Berlin, o.J.

AVENARIUS, HERMANN/HECKEL, HANS: Schulrechtskunde. Handbuch. Neuwied: Luchterhand 2000[7].

BADRY, ELISABETH/BUCHKA, MAXIMILIAN/KNAPP, RUDOLF (Hrsg.): Pädagogik. Grundlagen und Arbeitsfelder. Neuwied: Luchterhand 1999[3].

BARTNITZKY, HORST/CHRISTIANI, REINHOLD: Zeugnisschreiben in der Grundschule: Beurteilen ohne und mit Zensuren, Leistungserziehung, Schülerbeobachtung, differenzierte Klassenarbeiten, freie Arbeit, Übergangsgutachten, Elternberatung. Heinsberg: Agentur Dieck 1994.

BARTNITZKY, HORST/CHRISTIANI, REINHOLD (Hrsg.): Die Fundgrube für jeden Tag. Das Nachschlagewerk für junge Lehrerinnen und Lehrer. Berlin: Cornelsen Verlag Scriptor 1996[2].

BÄUERLE, DIETRICH/KNAPP, RUDOLF: Suchtvorbeugung in der Grundschule. Baustein 2: Fachliche Grundlagen. Baustein 4: Zusammenarbeit mit Eltern. Soest: Landesinstitut für Schule und Weiterbildung 1992.

BERGSON, MARITA/LUCKFIEL, HEIDE: Umgang mit „schwierigen" Kindern. Auffälliges Verhalten. Förderpläne. Handlungskonzepte. Berlin: Cornelsen Verlag Scriptor 1998[2].

BILDUNGSKOMMISSION NRW: Zukunft der Bildung- Schule der Zukunft. Denkschrift der Kommission beim Ministerpräsidenten des Landes Nordrhein-Westfalen. Neuwied: Luchterhand 1995.

BLANK, BRIGITTE/EDER, ELISABETH: Zusammenarbeit mit Eltern in Kindertagesstätten. Arbeitshilfen für die Praxis. Kronach: Karl Link 1999.

BÖNISCH, LOTHAR: Sozialpädagogik der Lebensalter. Eine Einführung. Weinheim/München: Juventa 1999[2].

BUNDESMINISTERIUM FÜR FAMILIE, SENIOREN, FRAUEN UND JUGEND: Zehnter Kinder- und Jugendbericht. Bonn 1998.

BUNDESVERBAND HUMANE SCHULE (Hrsg.): Themenschwerpunkt: Schule und Elternhaus. 24. Jg. Hamburg 1998.

BURHARD, CHRISTOPH/EIKENBUSCH, GERHARD: Das Schulprogramm evaluieren. In: Risse, E. (Hrsg.): Schulprogramm. Entwicklung und Evaluation. Neuwied: Luchterhand, 1998, S. 267–287.

BURKARD, CHRISTOPH/EIKENBUSCH, GERHARD: Praxishandbuch Evaluation in der Schule. Berlin: Cornelsen Verlag Scriptor 2000.

DALIN, PER/ROLFF HANS-GÜNTHER/BUCHEN, HERBERT: Institutioneller Schulentwicklungsprozess. Soest: Landesinstitut für Schule und Weiterbildung 1995[2].

GREWE, NORBERT/WICHTERICH, HERBERT: Beratung an der Schule. Konkrete Handlungsanweisungen für erfolgreiche Beratungsgespräche mit Schülern, Eltern und Kollegium. Kissing: Weka 1997.

HAN, PETRUS: Soziologie der Migration. Erklärungsmodelle – Fakten – Politik – Konsequenzen – Perspektiven. Stuttgart: UTB 2000.

HUPPERTZ, NORBERT: Die Wirklichkeit der Zusammenarbeit zwischen Schule und Elternhaus. Ein Beitrag zur Theoriebildung. München: Bardtenschlager 1988.

KNAPP, RUDOLF: Suchtvorbeugung in der Grundschule. In: Grewe, N./Wichterich, N. (Hrsg.): Beratung an der Schule. Kissing: Weka 1994, Kap. 13/6.6.

KNAPP, RUDOLF: Vorbeugung gegenüber Suchtgefahren. Eine Aufgabe von Gesundheitserziehung und Gesundheitsförderung im Kindes- und Jugendalter. Neuwied: Luchterhand 1996[2].

KNAPP, RUDOLF: Erziehung. In: Stimmer, Fr. (Hrsg.): Suchtlexikon. München: Oldenbourg 2000, S. 203-207.

KRITZ, JÜRGEN: Grundkonzepte der Psychotherapie. Weinheim: Psychologie Verlags-Union 1991[3].

LANDESINSTITUT FÜR SCHULE UND WEITERBILDUNG (Hrsg.): Elternarbeit an Schulen mit deutschen und ausländischen Schülern. Heft 10 der Reihe „Unterricht für ausländische Schüler. Soest 1983.

LANDESINSTITUT FÜR SCHULE UND WEITERBILDUNG (Hrsg.): NEUBAUER, WALTER: Beratung in der Grundschule. Konzepte zur Beratung im Übergangsverfahren. Soest 1997.

LANDESINSTITUT FÜR SCHULE UND WEITERBILDUNG (Hrsg.): Gesundheitsförderung in der Schule. Ein Handbuch für Lehrerinnen und Lehrer aller Schulformen. Bönen 1998.

LOHRE,WILFRIED/KLIPPERT, HEINZ (Hrsg.): Auf dem Weg zu einer neuen Lernkultur. Pädagogische Schulentwicklung in den Regionen Herford und Leverkusen. Gütersloh: Bertelsmann 1999.

MARGIES, DIETER/GAMPE, HARALD/KNAPP, RUDOLF/RIEGER, GERALD: Der Bildungsgang in der Grundschule in Nordrhein-Westfalen. Ausbildungsordnung Grundschule. Neuwied: Luchterhand 1997[2].

MARGIES, DIETER/GAMPE, HARALD/ GELSING, ULRICH/KNAPP, RUDOLF/RIEGER, GERALD: Schulmitwirkungsgesetz (SchMG). Praxishilfen Schule. Kommentar. Neuwied: Luchterhand 1998[2].

NATURSCHUTZZENTRUM NORDRHEIN-WESTFALEN (Hrsg.): Naturspielräume für Kinder. Recklinghausen: Stadt Hamm 1993[4].

NEUBAUER, WALTER/GAMPE, HARALD/KNAPP, RUDOLF/WICHERICH, HEINER: Konflikte in der Schule. Aggression – Kooperation – Schulentwicklung. Praxishilfen Schule. Pädagogik. Neuwied: Luchterhand 1999[5].

RISSE, ERIKA: Schulprogramm. Entwicklung und Evaluation. Neuwied: Luchterhand 1998.

ROGERS, CARL R.: Die klientenzentrierte Gesprächspsychotherapie. München: Kindler 1978[2].

ROLFF, HANS-GÜNTHER: Wandel durch Selbstorganisation. Weinheim. München: Juventa 1991.

SCHULZ VON THUN, FRIEDEMANN: Miteinander reden. Reinbek: Rowohlt 1996.

SOZIALPÄDAGOGISCHES INSTITUT (SPI) IM SOS-KINDERDORF E. V. (Hrsg.): Kinderarmut in Deutschland. München: SPI 1999.

STRUCK, PETER/WÜRTH, INGO: Vom Pauker zum Coach. Die Lehrer der Zukunft. München und Wien 1998.

TIPPELT, RUDOLF: Die Familie als Schutz gegen gesellschaftliche Gefährdungsquellen. In: Kinder, Jugend und Gesellschaft 2/92, S. 43-50.

ULICH, KLAUS: Erziehungspartnerschaft von Eltern und Lehrern – die familiäre und schulische Wirklichkeit. In: Schulinformationen Paderborn 1/2000, S. 2-10.

WALLRABENSTEIN, WULF (Hrsg.): Humane Schule: Mitteilungen des Bundesverbandes 24. Jg. Hamburg 1998.

Fitmacher für Ihren Unterricht

Lehrer-Bücherei: Grundschule

Rudolf Knapp
Elternarbeit in der Grundschule
Grundlagen - Elternberatung und
-seminare - Mitarbeit im Schulleben
128 Seiten mit Abb., Paperback
ISBN 3-589-05061-6

Vom ersten Elternabend, thematischen
Veranstaltungen, Gesprächskreisen
und der Elternberatung bis zur Beteili-
gung von Eltern am Schulleben und im
Unterricht. Mit Kopiervorlagen und
Adressen wichtiger Beratungsstellen.

Beatrix Lumer (Hrsg.)
Integration behinderter Kinder
Erfahrungen - Reflexionen - Anregun-
gen
128 Seiten mit Abb., Paperback
ISBN 3-589-05058-6

Das Buch plädiert für den gemeinsamen Unterricht nicht behinderter und
behinderter Kinder. Themen sind u. a.
Diagnostik, Respekt vor der Individualität, offener Unterricht - mit vielen
Fallbeispielen.

Norbert Sommer-Stumpenhorst /
Martina Hötzel
**Richtig Schreiben lernen
von Anfang an**
Methodenkompetenz - Differenzierte
Förderung - Lesen lernen Schritt für
Schritt
144 Seiten mit Abb., Paperback
ISBN 3-589-05064-0

Klaus Metzger
**Handlungsorientierter Umgang mit
Medien im Deutschunterricht**
Didaktische Voraussetzungen -
Modelle und Projekte
96 Seiten mit Abb., Paperback
ISBN 3-589-05062-4

Susanne Petersen
**Rituale für kooperatives Lernen in
der Grundschule**
- Für jeden Tag und das Schuljahr
- Für Anfang und Ende der Grund-
schulzeit
120 Seiten mit Abb., Paperback
ISBN 3-589-05063-2

Fragen Sie bitte
in Ihrer Buchhandlung!

Fitmacher für Ihren Unterricht

Lehrer-Bücherei: Grundschule

Friederike Klippel
Englisch in der Grundschule
- Handbuch für einen kindgemäßen
  Fremdsprachenunterricht
- Übungen, Spiele, Lieder
  für die Klassen 1 bis 4
296 S. mit CD, Paperback
ISBN 3-589-05057-8

*Dieses Handbuch für die Weiterbildung und
den täglichen Gebrauch zeigt, wie der Eng-
lischunterricht bereits in der Grundschule
kindgerecht und motivierend gestaltet werden kann.
Das abwechslungsreiche Übungsangebot
umfasst Kopiervorlagen ebenso wie die Fer-
tigkeitsschulung sowie Geschichten, Reime,
Lieder und Spiele.
Die CD enthält von Muttersprachlern vorge-
tragene Lieder und Texte.*

Gudrun Schulz
**Geschichten lesen, erzählen,
schreiben, gestalten**
Kinderliteratur als Anreger
für einen produktiven Unterricht
112 S., Paperback
ISBN 3-589-05055-1

*Die Autorin zeigt, wie Lesebuchgeschichten,
Kinderbücher, Märchen, Schwänke und
Comics für einen produktiven, handelnden
Umgang mit Geschichten genutzt werden
können.*

Karla Etschenberg
Sexualerziehung in der Grundschule
- Didaktisch-pädagogische Überlegungen
- Beispiele für die Klassen 1 - 4
112 S., Paperback
ISBN 3-589-05052-7

*Dieser Band macht Mut für einen offenen
Umgang mit dem für viele heiklen Thema
und gibt vielfältige, sachlich und pädagogisch begründete Anregungen für die praktische Arbeit.*

Eva Mertens / Ulrike Potthoff
**Lern- und Sprachspiele
im Deutschunterricht**
- Zusammenwirken von Lernen und Spielen
- Spiele zu allen Sprachbereichen
- Kopiervorlagen
112 S., Paperback
ISBN 3-589-05059-4

*Lern- und Sprachspiele für das 1. bis 4.
Schuljahr mit vielfältigen Anregungen, sich
auf spielerische Art und Weise mit unserer
Sprache auseinander zu setzen. Sie ermöglichen entdeckendes Lernen von Regeln und
Strukturen und lassen sich ohne großen Auf-
wand im täglichen Unterricht einsetzen.*

Karin Funcke / Cornelia Löss
Weihnachten in anderen Ländern
- Begegnung mit anderen Sprachen und
  Kulturen
- Unterrichtseinheiten und Projekte
120 S. mit Abb., Paperback
ISBN 3-589-05054-3

Fragen Sie bitte
in Ihrer Buchhandlung!